岩波現代文庫

社会 60

小平邦彦

# ボクは算数しか出来なかった



岩波書店

# はじめに

本書は昨年(一九八六年)二月に日本経済新聞に連載された「私の履歴書」に加筆したものである。「私の履歴書」は一般の読者のための読み物であるから、私の本業の数学については話の進行上必要な最小限にとどめた。およそ専門の数学の話ほど、わけのわからないものはないからである。

私がなぜ数学を専攻して数学者になったか、振り返って考えてみると、結局、それは私が数学しか出来なかったからであると思う。

母の話によると、私は幼いときから数に興味をもち、繰り返し豆を数えて遊んでいたという。小学生の頃の私は、算数は出来たが他の科目は駄目で、惨めな生徒で学校は嫌いであった。中学校でも数学以外の学科は英語も国語も漢文もだめ、殊に歴史や地理のような暗記物は全然だめで、相変わらず惨めな生徒であった。数学は好きで、三年生の頃から数学の専門書を読んでいたが、ただ面白いから勉強していたので、数学者になろうと思って勉強していたわけではない。私は数学の論文を書いて暮らす数学者という職業があることを知らなかったのである。中学生のときにはエンジニア志望であった。五年生のとき第一高等学校を受験した。

当時は旧制高等学校の入学試験が現在の大学入試に相当する難関で、一高の入試は八―九倍の競争率であった。受験のための予備校はあったが、今と違って偏差値で規制される、などということはいっさいなかったから、受けたい人は誰でも一高を受験することができた。現在のような入試であったら、数学しかできなかった私はまず偏差値で完全に落ちこぼれたであろう。

一高生のときには、先生方がいかにものんびりしていて楽しそうに見えたので、高校の先生になりたいと思っていた。東大の数学科に入学してからも、ただ面白いから数学を勉強する、それだけであった。数学科を卒業してから、物理も噛ってみようと物理学科へ入学した。

物理学科を卒業した翌年の秋に東京文理科大学の助教授になり、数年後には東大の物理学科の助教授になって文理大の数学の助教授は併任で続けたが、その時点になってもまだ専門分野も定まらず、興味のおもむくままに数学や理論物理の本や論文を読んで、何か面白いことを思い付けば論文を書く、ただそれだけであった。助教授になったから生活には困らない。あとは数学や理論物理を勉強したり、論文を書いたり、レコードを聴いたり、ピアノを弾いたりして一生日本で楽しく暮らすつもりであった。

その心づもりが太平洋戦争で狂ってしまった。戦災で家もレコードもピアノも焼失し、戦後も焼け跡に建てたバラックに住んで食べるものも碌《ろく》になく、楽しく暮らすどころか、惨めな暮らしにおちてしまったのである。

戦争がはじまると、もちろん外国からの文献は入らなくなり、外国でどんな研究が行われているか、全くわからなくなった。論文を書いても、それは外国では既知で全く無駄になるかも知れなかった。その上、空襲が激しくなると日本では専門誌の発行が不可能になり、論文を書いても発表する手段がなくなった。それにもかかわらず私は論文を書いていた。ああいう極限状態における心理は後から考えてもよくわからない。軍部は一億玉砕を叫んでいて、戦争が終わる兆しは全く見えず、戦後まで生き延びられるかどうか、そもそも戦後なるものが来るかどうかわからないときに、どういうつもりで論文を書いていたか、不思議という他ない。

戦争中から戦後にかけて書いた「リーマン多様体上の調和テンソル場」と題する長い論文は、日本では発表のメドがなく、そのままになっていたが、一九四八年(昭和二十三年)になって、角谷静夫さんのご好意で、進駐軍を通してアメリカの専門誌に投稿した。この論文がワイル教授の目にとまって、四九年にプリンストンの高級研究所に招ばれたのである。

一九五〇年代に複素多様体論や代数幾何が急速に発展したが、その一つの中心がプリンストンであった。プリンストンへ行ってみると、発表のメドもないのにただ面白いから書いた調和テンソル場の論文が、ちょうどうまくその発展に役立つことがわかり、私も一人前の数学者であることを自覚し、複素多様体論と代数幾何の研究の第一線に参加することになった。三十四歳のときであった。

よき共同研究者スペンサーに巡り合うという幸運にめぐまれて、研究は着々と進行した。そして一九五四年の九月に、オランダのアムステルダムで開催された国際数学者会議でフィールズ賞なるものを受賞したのである。その後もずっとアメリカに滞在して、六七年の八月に十八年ぶりに日本に帰った。一生日本で楽しく暮らすつもりでいた頃には、夢にも考えなかったことになってしまったのである。

ときどきアメリカに住んでいたのが夢ではなかったか、と思うことがあるが、娘達が完全な英語をしゃべって日本語があやしいから、やはり夢ではなく現実であったに違いない。また、アメリカ滞在中も、家内と一緒にスーパーに買い物に行ったときなど、しばらく家内の姿が見えないと、オヤこんな所に一人でいるが、これは夢かな？と思ったことがときどきあった。

私が発表のメドがない調和テンソル場の論文を書かなければ、書いても角谷さんが進駐軍に頼んで論文をアメリカに送って下さらなかったら、プリンストンに招ばれなかったであろう。またプリンストンに行っても、スペンサーに巡り合わなければ、研究はああいう風には進展しなかったに違いない。スペンサーは一九四二年以降スタンフォード大学の教授で、たまたま私がプリンストンへ行ったのと同じ四九年にプリンストン大学へ移って来たのである。私がスペンサーに会えたのは全く偶然の巡り合わせであった。

数学の研究は頭で考えるだけであるから、研究の最中には自主的に行動しているような気がするが、後から振り返ってみると、結局、運命に支配されていたことに気付くのである。

私は、運命に流されるままに数学の世界のさすらいの旅を続けてきた。その間に起こったことをそこはかとなく書き綴ったのが本書である。

昭和六十二年三月

中落合にて　小平邦彦

# 目　次

# 数への興味

私の父は明治十八年に長野県の米沢村で、母は同二十七年に上諏訪町で生まれた。両親とも長野県人である。そのためか、私はなんとなく長野県人ということになっていて、一昨年出版された『日本の数学一〇〇年史』でも私が長野県で生まれたことになっているが、実際は、私は大正四年三月に東京で生まれた東京人である。

私が幼少の頃、東京には至る所に貸し家があり、両親はしばしば引っ越したらしい。私の最初の記憶は、品川の御殿山に住んでいたとき、祖父に抱かれて汽車を見に行ったことである。

つぎの記憶は、小石川の巣鴨の駅の近くの貸し家に引っ越してからである。はっきりしたことはわからないが、私が四―五歳のときであったと思う。ここには大震災の翌年、私が小学校の四年生になるまで住んだ。かなり広い庭の真ん中にいくつか大き

母いちさんとともに

な石があって灌木が生えていた。夏になるとそのまわりを数十匹も蜥蜴《とかげ》が這い回っていた。背中が青味がかった銀色に光る綺麗な蜥蜴であった。尻尾を踏みつけると尻尾だけ切り離して逃げてしまう。残された尻尾がいつまでもぴくぴく動いていた。庭の隅に大きな柿の木があって、秋になるとたくさん柿が成った。結構おいしい柿であった。

当時、幼稚園に通う子供はまれであった。私も幼稚園へは行かず、六歳のとき私立の帝国小学校に入学した。一学年二クラスしかない小ぢんまりとした小学校であった。当時としては珍しい男女共学で、各クラスの半分は男子、半分は女子であった。校長先生はアメリカで教育学の学位を取った人で、アメリカ式に男子にも裁縫の時間があって、雑巾などを縫わされた。つまり、現在の家庭科があったわけである。また年に一回人形のお葬式があった。生徒がもってきた首の取れた人形を集めて、可哀そうな人形達のためにお葬式をしたのである。

1950 年代の著者

私が四歳のとき弟が生まれた。その日の朝のことは不思議と覚えている。前夜、私は両親と同じ部屋で寝たが、朝、目が覚めると別室に移されていた。起き上がって両親の部屋に入り、そこにあった白い布につつまれた塊の上に腰掛けようとしたらひどく叱られた。その塊が夜半に生まれた弟であった。

自分では覚えていないが、母の話によると、私は幼いときから数に特別な興味を示し、繰り返し豆を数えて遊んでいたという。

小学校の算術では毎時間お経のように掛け算の九九を暗唱させられ、盛んに計算の練習をやらされた。当時の尺貫法では一里が三十六町、一町が六十間、一間が六尺であったから、長さの計算は今のメートル法による長さの計算とは比較にならぬほど難しかった。小数や分数の計算も十分時間を掛けて繰り返し練習させられた。一番難しかったのが鶴亀算であったが、図形的なものはあまり習わなかったと思う。

小学生の頃の私は算術が出来たが、他の科目は駄目で、そのうえ声が小さく吃るので、先生の質問にうまく答えられず、惨めな生徒で、学校は嫌いであった。特に体操はひどかった。背が低く、足が特別短かったので、徒競走など一周遅れて先頭を走っているような始末で泣きそうになった。綴り方も書く材料が見つからないので嫌いであった。

大震災の翌年、私が小学校の四年生のとき、現在の中落合の住所に引っ越した。今度は貸し家ではなく、父が文化村と称する分譲地の一区画を買って新築した二階建ての家であった。

当時の落合は東京の郊外で、空地が多く、哲学堂から中井駅の近くまで西武新宿線の両側は広い野原であった。

小学校6年生のとき．上より2列目左から3番目が著者．

私が五年生のとき、弟は近所の落合第一小学校に入学した。その頃、親戚から小犬を貰ってうちで飼うことになった。セッター に似た茶色の雑犬で、鼠を取るのがうまかった。「セロ」という名前を付けた。当時、犬は放し飼いで近所の空地を歩き回っていたが、弟が大きな声で「セロ、セロ」と呼ぶと、飛んで帰って来て尻尾を振った。ある日、弟が学校に行くとき、セロがついて行ってしまった。学校でどうしたのかと思ったら、教室に入り授業中弟の隣りに坐っていたという。

セロは牝犬で、年二回春と秋に五―六匹子犬を産んだ。六匹の子犬を全部隠してしまうと、ヒーヒー泣きながらそこら中探し回るが、不思議なことに、五匹隠しても一匹残っていれば全然気付かなかった。これで犬には数量の観念が皆無であることがわかった。

# 父・権　一

私の父は農商務省の役人で、非常に忙しく、うちへ帰るのは大抵十二時近く、何週間も顔を見ないことも珍しくなかった。私がまだ幼かった頃、ある日曜日に父に動物園に連れていって貰ったが、私は父をどこかの変なおじさんだと思っていた、という奇妙な記憶がある。

農村恐慌対策のため農林省に経済更生部が設置されたとき、父は初代の経済更生部長となった(農商務省はすでに農林省と商工省に分割されていた)。先日「小平権一《ごんいち》先生を偲ぶ会」で二代目の更生部長を務められた石黒武重氏にお話を伺った。それによると、朝から夕方の五時までは陳情団の応対に追われ、五時から役所の仕事をはじめて終わるのが十一時近かったという。

父は諏訪中学から第一高等学校を経て東京帝国大学農科大学(現在の東京大学農学

父の小平権一

部)に入学、卒業すると今度は同法科大学(現在の法学部)に入学、法科大学を卒業したのが大正三年、三十歳のときであった。

当時の学制では、小学校は尋常科が四年間、その上に高等科が四年間あった。父は高等小学校の四年を終えてから十四歳のときに諏訪中学に入学した。父が住んでいた米沢村の小学校の高等科はまだ二年までしかなかったので、三年と四年は上諏訪町の高島小学校に通った。米沢村から上諏訪町までは、峠を越えて片道八キロメートルある。父は毎日、往復十六キロメートル歩いたのである。帰りに峠で夕立に遭うと、すぐそばに雷が落ちて大変怖かった、という。

父は法科大学を卒業するとすぐに農商務省に入り、農商務省が農林省と商工省に分割されてから、農林省の農政課長、蚕糸局長、農政局長等を経て昭和七年に経済更生部長、十三年に農林次官となった。翌十四年に次官を辞任して満州(現中国東北)へ渡り、十六年に満州国参議となったが、翌十七年には参議を辞任して日本に帰り、長野県三区から立候補して衆議院議員に当選、大政翼賛会総務局長となった。

民心の動向を政策に反映させ、政府の行き方を国民に知悉させるための機関であった大政翼賛会が、ミッドウェイ海空戦の実情も、その後の戦況も国民にはもちろん政府の大部分の首脳にさえ知らせることができず、できたのは「聖戦完遂」の標語の下に国民の力を動員することに尽きていた。これに失望した父は、翌十八年に総務局長を辞任したが、終戦後昭和二十一年に、大政翼賛会との関係で公職追放令該当者に指定される憂き目に遭った。

先日、父の伝記が出版された。『農山漁村経済更生運動と小平権一』(楠本雅弘編・著、不二出版、一九八三年)と『小平権一と近代農政』(日本評論社、一九八五年)の二つである。実は、私はこの二つの伝記を読むまで父の経歴や業績についてはほとんど何にも知らなかった。上述の父の略歴もこの伝記による。

『農山漁村経済更生運動と小平権一』に載っている父の著作目録を見ると、著書がおよそ四十冊、論文等がおよそ三百五十編もある。これには感心した。私など父の足下にもおよばない。父が千ページもある大著『農業金融論』を著して農学博士の学位を取得したことは知っていたが、その他にこれほど膨大な著作があるとは知らなかった。そのうち著書二十六冊、論文等二百八十編は公職追放に指定される以前の多忙な公務の余暇に書かれたもので、二十六冊のページ数合計は四千八百ページに達する。父は疲れるということを知らぬ体力の持ち主であったが、それにしても毎晩帰宅が十二時になるという忙しさの中で、どうしてこれほど膨大な著作ができたか、不思議である。

父の体力は、子供のとき二年間毎日往復十六キロメートル歩いて高島小学校へ通って鍛えた賜であろう。私は大学生のとき、一度父の前で「疲れた」と言って叱られたことがある。「米俵を背負って一里も歩いたら疲れるかも知れないが、そうでない限り疲れるはずがない」というのが父の論理であった。

# 祖父・金井汲治

毎年七月の末になると、母は私と弟を連れて上諏訪町の生家に行き、避暑を兼ねて夏休みをそこで過ごした。母の両親と姉、つまり私の祖父母と伯母がそこに住んでいた。当時、新宿から上諏訪まで汽車で八時間かかった。

安政四年生まれの祖父金井汲治は長野師範学校の第一回卒業生で、若くして上諏訪小学校長となり、多くの人材を育てた。後に上諏訪町長・長野県会議員を長くつとめ、県政界になりひびいた論客で、議会での理路整然たる鋭い舌鋒はしばしば県当局を震えあがらせた。また当時、諏訪郡内での声望も高く、「金井さまには及びもせぬが、せめてなりたや村長に」と俗謡にうたわれるほどの人物であったという(以上『小平権一と近代農政』による)。

手元にある記録によると、祖父は明治九年に十九歳で小学校教員となり、二十七歳

祖父の金井汲治

のとき小学校長を辞任して長野県会議員になっているから、校長になったのは二十三、四歳のときであろう。

金井家は諏訪藩の士族であったというから、祖父の住んでいた家は昔の武家屋敷であったのであろう。家の表の庭には大きな池があり、裏庭の向こうに土蔵があった。玄関は広い土間で、その右側は客間、向こう側が今の言葉でいえばダイニング・キッチンで、真ん中に大きな囲炉裏があり、屋根裏から下がっている自在鉤に鍋を掛け薪を焚いて煮炊きをする仕組みになっていた。この部屋には天井はなく、太い梁と屋根裏が薪の煙で真っ黒になっていた。他にも部屋がいくつかあり、表の庭には新しく建てた離れ家があった。さらに別棟の風呂場があり、温泉が湧いていたからいつでも入浴できた。

祖父は毎日朝六時に起きて風呂に入り、そこで一時間体操をする、夕食後は散歩に出て上諏訪町の端から端まで四キロ歩く、雨が降った日には町へ出る代わりに家の縁側を繰り返し往復して四キロ歩く、という規則正しい生活をしていた。

漢学に通暁し中国の歴史に詳しかった祖父は、私を膝にのせて中国の歴史についていろいろ話してくれた。私はそれをお伽話のように聴いていた。

明治元年に十一歳であった祖父は、子供の頃寺子屋にでも通って白文の素読で漢文を学んだのであろう。白文というのは訓点を施してない漢文のことで、素読は意味を説明しないで音読させることをいう。「読書百遍意自ずから通ず」で、素読を繰り返していると意味は自然にわかったものらしい。

後に私が中学の三年生になった年の夏休みに、漢文がわからなくて困っていると、祖父が教えてやろうという。これは有難いと思って教科書をもっていくと、祖父はそれを眺めて「へー、こんなものが読めんかねー」というだけで、遂に一言も文章の意味を説明してくれなかった。白文の素読で漢文を学んだ祖父は、教えるというのがその意味を説明することだということに思い至らなかったのであろう。

祖父は漢学の他にもいろいろな学問に興味をもっていた。手元に祖父が英語の火山学の本を写したノートの断片があるが、毛筆で英文を手写し、中心に火山がある珊瑚礁の細密画等まで写したのは大変な努力を要したと思う。特に動物学に最も興味があったようで、山野を歩き回って採集した昆虫や鳥の標本がたくさん大小の木箱に収めてあった。一度、祖父が鼠のような格好の動物の剝製をつくるのを見物したことがある。順々に皮を剝いでいって最後に尻尾の骨を引き抜くと、まるで靴下でも脱ぐように、尻尾の皮が裏返しになって離れたのには感心した。

祖母はおとなしい小さな人で、気に入らないことがあっても口の中でブツブツいうだけで、大きな声を出したことは一度もなかった。毎晩九時過ぎになると、その日の買い物の明細を書いた手帳と残金をもって祖父の前に正座し、会計検査を受け、一銭でも合わないと祖父にひどく叱られたが、祖母は「ハイ、ハイ」といって頭を下げるだけであった。まさに忍従貞淑の一生を送った人であった。

# 五中時代

私は小学校を卒業すると五中(東京府立第五中学校、現在の小石川高校の前身)に入学した。入学試験はあったが、小学生が通う塾などというものはなかったから、試験勉強は学校で習ったことを復習するだけでよかった。

五中は、校長伊藤長七先生が「教育とは人の子を人たらしめるようにと苦心することである。幼き者が生まれながらにして抱いている天分を伸び伸びと長大せしめ、その心身の発達伸展のため、あらゆるよい条件を与えてやろうという努力である」という考えに基づいて創立された中学校で、実に自由な校風であった。

当時、中学生の制服は詰襟と定まっていたが、五中の制服は背広でネクタイを着けていた。そして女の先生が二人おられた。一人は英語、もう一人は漢文の先生であった。父兄会の席上で伊藤校長が「男ばかりの寒さかな」と言われたと聞いたが、当時の中学校(中学校は男子の中学校で、女子の中学校は女学校と称した)で女の先生がいたのは五中だけであろう。

毎朝、全校の生徒を校庭に集めて朝礼が行われ、校長先生の訓話があった。訓話は日常の事柄から政治・経済にまで及んだが、しばしば「狭い日本に閉じこもっていないでブラジルへ開拓に行け」と開拓の精神を説かれたのが強く印象に残っている。「開拓・創作」が五中のモットーであった。

学校に御真影(天皇陛下の御写真)がなかったのも破天荒であった。紀元節などの式典の日には、伊藤校長は御真影を拝む代わりに全校の生徒を早朝六時に二重橋の前に集め、万歳を三唱した。

一年から三年まで私のクラスの担任は英語の物井道子先生であった。学期末に物井先生がクラスの生徒一人一人に今学期は何日休みましたか、と聞いて出欠簿に書き込んでおられたという記憶がある。毎日の出欠はとらなかったのであろう。生徒の自主性を尊重し、自由な校風に徹していたが、惜しいことに、伊藤校長は私が四年生のときに亡くなられた。

五中時代(物井道子先生とその向かって左が著者)

当時の中学校の数学は一年が算術、二年から四年までは代数と平面幾何であった。五年では立体幾何を学んだ。中学校の五年は年齢でいえば現在の高校二年に相当するが、微分積分も確率統計もなかった。

当時の中学校の平面幾何は伝統的なユークリッド平面幾何で、われわれ中学生は平面幾何を通して論理を学んだ。ユークリッド平面幾何は論理を教えるための最適な教材であろう。近年、数学の初等・中等教育からユークリッド平面幾何はほとんど追放されてしまったが、その結果、論理を教える場が失われてしまったのは遺憾である。

代数も幾何もそれぞれ一冊の教科書を二年から四年まで通して使った。五中の三年生の頃、同級生の西谷真一さんと二人で、代数と幾何の教科書を勉強して練習問題を端から解いてみようということになった。始めてみると半年もしないうちに四年の最後まで終わってしまった。

そこで、私は藤原松三郎著『代数学』を買ってきて読みはじめた。第一巻が六百ページ、第二巻が八百ページもある代数学の専門書である。どこまで読んだか、はっきりした記憶はないが、二次剰余に関する反転法則の証明を一生懸命勉強したことはよく覚えている。行列式、連分数等を読んだことも覚えている。それからガロアの理論を読んだけれども遂にわからなかったという記憶がある。ガロアの理論は第二巻のはじめに載っている。中学生に第二巻まで読み通せるはずはないが、ガロアの理論を読んだのは高等学校に入ってからであったかも知れない。

なぜ『代数学』を選んだかという理由は何にもない。神田の三省堂にでも行ったとき、たまたま目に止まったのであろう。五中の図書室に竹内端三著『高等微分学』があったが、高等な難しい本であろうと思って敬遠した。これが「高等学校のための微分学」であると知っていたら、『代数学』よりもこの方を先に読んだと思う。

それから林鶴一訳のヒルベルトの『幾何学原理』を読もうと試みたが、歯が立たなかった。ただ比例を用いて証明できる等角や等長に関する定理は、比例を用いなくても証明できるということが書いてあったので、一度学校の幾何の時間に、比例を使えば簡単にできる証明問題を比例を使わずに補助線を何本も引いて解いてみせたが、先生は「君は補助線が好きな男だねー」と言っただけでちっとも褒《ほ》めてくれなかった。

# 代数学

私が数学を好きな学科としてはっきり意識したのは『代数学』を読みはじめた頃である。数学の他に物理と化学は割合にできたが、それ以外の学科は英語、漢文、国語、地理、歴史等すべてだめであった。相変わらず声が小さくて吃るので、国語や漢文の時間に先生に指されて教科書を読まされるのがたまらなく嫌であった。漢文の岡先生には声が小さいといってひどく叱られた。

私は中学校でも惨めな生徒であった。教室ではなるべく先生の目につかないように小さくなっていた。最も憂鬱なのが体操と軍事教練の時間であった。教練の教官は学校へ配属された本職の将校で、それは厳しかった。

『代数学』を読むのは決して楽ではなかった。わからない証明をわかるまで何度も繰り返し、ノートに写したりして苦心惨憺した。そのときの経験によると、わからない証明も繰り返しノートに写して暗記してしまうと、自然にわかってくるようである。現在の数学の初等・中等教育ではまずわからせることが大切で、わからない証明を丸暗記させるなど、もっての外ということになっているが、果たしてそうか、疑問であると思う。

中学生のとき『代数学』で苦労したお陰で、私は高等学校でも大学でも数学で苦労したことはなかった。それにしても、なぜ『代数学』を苦心して読もうとしたか、自分でもよくわからないが、数学以外のものがすべてだめで劣等感に苛《さいな》まれていたので、無意識のうちにせめて数学だけは他人よりもよくできるようになりたい、と思ったのかも知れない。

中学生の私はエンジニア志望であった。論文を書いて暮らす数学者という職業があることは知らなかった。だから、将来数学者になろうと思って『代数学』を読んだのではない。

大正十年から十一年にかけて父がヨーロッパに出張した。当時ドイツはひどいインフレで円に対してマルクが安かったので、父はピアノをはじめいろいろなおみやげを買ってきた。その中にドイツ製の組み立て玩具があった。大きな箱を開けると等間隔に穴をあけたいろいろな形の鉄板、ボルト、ナット、心棒、車輪等が入っていて、それで起重機、電車等を組み立てて遊ぶ玩具であった。

私は毎日いろいろなものを組み立てて遊んだ。この玩具でいろいろなことを学んだ。一番はじめに学んだのは三辺の比が3、4、5の三角形は直角三角形であることであった。中学生になると小さなモーターを電車につけ、鉄心に銅線を巻いてトランスを作り、電灯線の百ボルトを十二ボルトに降圧して電車を動かしたりした。玩具でも面白いのだから、エンジニアになって本物を組み立てたらさぞ面白いだろうと思ったのである。

後年、数学者になって数学の理論を構成したとき、理論をつくるのも玩具をつくるのに似た所があると感じた。両方とも与えられた材料が定まっていて、うまく工夫しないと望みのものがつくれないからである。

五中では津守元太さんが一番の親友であった。津守さんのお父さんは東芝の重役で、後に社長になられた方である。当時鎌倉は別荘地で、津守さんの別荘が極楽寺の奥にあった。別荘には留守番の爺やと婆やがいて、いつ行っても泊まれるようになっていた。その上元太さんとその妹姉のために馬を飼っていて、馬丁がいた。客間には「同じこと二度言わぬを上客とす」という句が掲げてあった。極楽寺にはまだ別荘は二軒しかなく、周囲は鬱蒼たる森林で、夏になるとやかましいほど蟬が鳴いていた。七里ケ浜には結核療養所が一軒あるだけで、他には家は一軒もなかった。新田義貞が剣を海に投じて勝利を祈ったという稲村ケ崎も歴史の面影をとどめていた。

中学校時代の級友と

私はしばしば別荘に泊まって元太さんと二人で鎌倉の近辺を縦横に歩き回った。弁当をもって遠出するときの経路は材木座から磯伝いに小坪へ出て、小坪から山越えの道を横須賀まで歩き、横須賀から電車で鎌倉に帰る。または大船まで歩いて電車で鎌倉に帰る、等であった。当時、小坪は昔通りの漁師町であった。後に津守元太さんは慶応大学を卒業し、幹部候補生を志願して将校となり、日中戦争で戦死した。惜しいことであった。

当時の中学校は五年までであったが、四年から高等学校を受験することができた。化学には計算問題が多かった。その計算ができたので、化学の関野先生には信用があったらしい。四年生のとき先生から第一高等学校(現在の東京大学教養学部の前身)を受験するように強くすすめられたが、怠けものの私は受験しなかった。先生はあと一年中学校にとどまるのは時間の浪費であると言われたが、怠けものの私は何も急ぐことはないと思ったのである。

# 一高理科乙類

当時は高等学校の入学試験が今の大学入試に相当する難関で、一高の入試は八—九倍の競争率であった。今と違って偏差値によって規制される、などということはいっさいなかったから、受けたい人は誰でも自由に一高を受けることができた。現在、東京大学の入試の競争率は二倍強であるから、誰でも受けてみれば案外まぐれで入れるかも知れないが、偏差値で統制されるためか、そういう自由はないらしい。戦前よりも自由なはずの現在の方が規制が厳しいのは奇怪である。

一高の入試の科目は数学、英語、漢文、国語が主で、残りの一科目は毎年変わり、それが何になるかは試験の数ヵ月前にはじめて発表されることになっていたと思う。受験準備のため、考え方研究社の日土講習会という予備校に通って勉強した。しばしば模擬試験があった。正解でも答案の書き方が悪いと減点されるので、数学の模擬試験でもなかなか満点は取れなかった。特に工夫をこらして変わった証明を書くと、ひどく減点された。

私は中学五年のとき一高の理科乙類(イ)を受験した。乙類というのはドイツ語を第一外国語とするという意味である。乙類は理学部または工学部志望の(イ)と医学部志望の(ロ)の二つに分かれていた。試験は受けたが、数学以外はだめであった。予備校で教わった通り大きな綺麗な字で答案を書いて出したが、英語も国語も漢文も問題の文章の意味が全然わからなかった。問題は、今のような○×式ではなく、かなり長い文章を全部訳せ、というものであった。当然落ちたと思ったので、発表を待たずに津守さんの鎌倉の別荘へ泊まりがけで遊びに行ってしまった。そうしたら母から「ハイレタヨ。オカエリナサイ」という電報がきた。

当時、入試の発表は成績順であった。不思議なことがあるもので、数学以外全然だめだった私が理乙(イ)の一番であった。わからないのにわかった顔をして書いた答案がまぐれで当たったのかも知れない。だから、偏差値で規制するのはよくないと思うのである。

理科乙類は二つのクラスに分かれていて、私のクラスの生徒およそ四十名のうち半数が(イ)、半数が(ロ)であった。一高生ともなればもう大人だから、毎日の出欠などとらないだろうと思っていたら毎時間出欠をとられた。これにはがっかりした。私は相変わらず吃るので、名前を呼ばれた瞬間吃って返事ができなかったらどうしよう、とビクビクしていた。

当時の一高の理科は外国語と数学の学校の観があった。一年生のときドイツ語が週十時間あった。先生は立沢剛教授、一学期で文法を終え、二学期になるといきなり一つのセンテンスが二十行もある難しい小説を読ませる、という強引な教え方であった。「君、a、b、c(アー、ベー、ツェー)……をzから逆さに言って見給え」と言われて立ち往生した。年度末の試験の問題は、その難しい小説を丸暗記してきてはじめから全部書け、というのであった。試験のとき、私達が一生懸命書いていると先生は悠々とドイツ語の新聞を読んでおられた。

数学は一年のとき渡辺秀雄先生に三角法を習った。先生が宙を見つめながら講義された様子を今でも思い出す。ただ三角関数だけで一年間講義をする材料があったのが不思議である。二年の微分と三年の積分は私達のクラスの担任の荒又先生に習った。教科書は中学生のときに敬遠した竹内端三著『高等微分学』と『高等積分学』で、実にわかりやすい名著であった。それから田中正夫先生に解析幾何を、黒川竜三先生に代数学を習った。

もちろん、ドイツ語と数学の他にいろいろな学科があったが、他の学科は先生の方ものんびりしておられるように見えた。一番のんびりしておられたのは植物の石川先生であった。出欠をとるときも、「その男はボートの練習に行っています」と言うと、「それじゃ出席にしてやろう」という調子であった。ただ一度、講義中に机の上に寝転んで新聞を読んでいた生徒に「君、いくらなんでもそれはひどい」と注意されたことがあった。

私は一高に入ってからは「岩波数学講座」、高木貞治先生の『初等整数論講義』等を読んだ。中学生のとき読みはじめた『代数学』も続けて読んでいた。

ときどき荒又先生のお宅にうかがって、ビールを飲み夕食を御馳走になった。先生の奥さんは上野の音楽学校を卒業された方で、声楽を修められたと聞いた。

私は中学生の頃はエンジニア志望であったが、一高生のときには高等学校の先生になりたいと思っていた。荒又先生がえらく楽しそうに見えたからである。

# 東大入学

昭和十年、私は一高を卒業し、東京大学の数学科に入学した。当時は大学入試のための予備校などというものはなく、高等学校でまともに勉強していれば大学に入るのはそれほど難しくなかった。

数学科の学生の定員は十五名、講座はわずか五講座、教授は高木貞治先生、中川銓吉先生、掛谷宗一先生、竹内端三先生、末綱恕一先生、助教授は辻正次先生と弥永昌吉先生、助手は亀谷俊司さんただ一人、あとは小使いのおじさんとおばさんが一人ずつ、事務職員は一人もいなかった。そして亀谷さんが図書係を兼ねておられた。事務職員が一人もいなかったところを見ると、数学教室の事務的な仕事はほとんどなかったのであろう。先生方も皆悠然として暇そうに見えた。

私達一年生のための講義は高木先生の微分積分学、末綱先生の代数学、中川先生の幾何学等であった。微分積分学の講義は週四回、時間割では十一時から十二時までとなっていたが、高木先生が数学教室に到着されるのが十一時十分頃、それから先生は小使い室で悠然とお茶を飲んでおられた。講義がはじまるのが十一時半、終わるのは時間割通り十二時きっかりであった。高木先生が黒板に向かって式を書いておられるときの巨大な耳が印象に残っている。講義の内容は先生が岩波数学講座に執筆された解析概論とほぼ同じであった。一回三十分、週四回で二時間、それで一年間で解析概論(現行本のルベーグ積分は除いて)の終わりまで講義されたのだから驚異である。

東大入学時の著者

微分積分学の演習は弥永先生の受け持ちであった。岩波講座に彌永昌吉著『幾何学基礎論』があった。大学に入る前に、この難しい本のいかめしい名前の著者は、がっちりした肩幅の広いいいかめしい先生であろうと想像していたが、実物は意外にも当時有名であった映画『別れの曲』のショパンに似た背の高いやさしい先生であった。

代数学の一時間目のはじめに、末綱先生は黒板に大きな円に一寸ひげがはえたような図を描かれた。それが何と体(たい＝加・減・乗・除が定義された体系)を表わすドイツ文字のKであった。代数学の演習は末綱先生自身が受け持たれた。この演習は怖かった。指名されたとき、はじめから「できません」と断ってしまえば苦笑いをされるだけで何でもなかったが、黒板に出て問題を解きはじめて途中でつかえると、「何をぐずぐずしてるんです」とひどく叱られた。

それから力学演習が必修であった。演習があった以上力学の講義があったはずであるが、講義については記憶がない。力学演習は週一回、一時から五―六時までという大変なもので難行苦行であった。

当時は日本の数学が古典的な数学から現代数学に変わる転換期で、現在では考えられないような科目が必修であった。その一つが中川先生の幾何学で、先生はサーモンの解析幾何という古色蒼然とした教科書を各学生に一冊ずつ貸して下さった。かなり厚い本で、三百ページはあったと思う。内容は三次元空間の中の二次曲面の理論で、

東京大学数学科．下段中央は高木貞治先生．向かって右端は弥永昌吉先生，続いて末綱恕一先生．

二次曲面について三百ページも書くことがあったのが不思議であるが、その上多数の演習問題が載っていた。それを幾何の演習でやらされたが実に難しかった。このような幾何学は今はほとんどすべて忘れられてしまったが、われわれが現在研究している数学も百年後には大部分は忘れられてしまうのであろう。そう思うと、はなはだ妙な気分になる。

旧制大学の数学科の科目は力学以外はすべて数学で、力学も数学の応用であるから、数学だけを勉強していればよかった。そしてさすが大学生は大人扱いで、出欠はとらず、試験のときも二、三回先生が様子を見に来られるだけで監督はいなかった。私は大学生になって、惨めな思いをする科目はいっさいなくなり、はじめて劣等感を払拭して一人前になったような気がしてうれしかった。

各学年十五名と少人数であったから、私達一年生はじきに親しくなった。末綱先生の代数の試験の日に二・二六事件が起こって試験が中止になったので、私達はうれしくなって上野の動物園に行った。

二年生になったとき、安倍亮《まこと》君が数学科に入学した。安倍君は一年前に物理学科を受験したとき健康上の理由で不合格になったが、入試の成績は平均九十六点であったという超人で、およそ知らないことはないという博識であった。私は後に物理学科の助教授になってから過去の入試の成績を見る機会があったが、例年最高点は七十点台で、九十六点というのは空前絶後であった。私達は安倍君とも同級生のように親しくなった。

# 講義サボリぐせ

私は一年生のときには真面目に講義に出席していたが、二年生になってしばらくするとあまり出なくなった。毎週二時間ずつ講義を聴くのはどうも効率が低いのではないかと考えたのである。夏休み、冬休み等を除くと一年のうち講義を聴くのは八カ月、週二時間では年に六十四時間にしかならない。毎日八時間ずつ勉強すれば、八日で済む勘定になる。

そこで、学校の講義の方は年度末の試験の前に友人のノートを借りて勉強することにして、丸善へ行っていろいろな本を買って来て端から読んだ。一番はじめに読んだのはルベーグ積分の本であった。本の表題も著者の名前も忘れたが、赤い表紙の小型の本であった。この頃から数学の本を読むときには別証を考えたり、実例や反例をつくったりしながら読む習慣がついた。数直線上のルベーグ可測でない集合で特殊な性

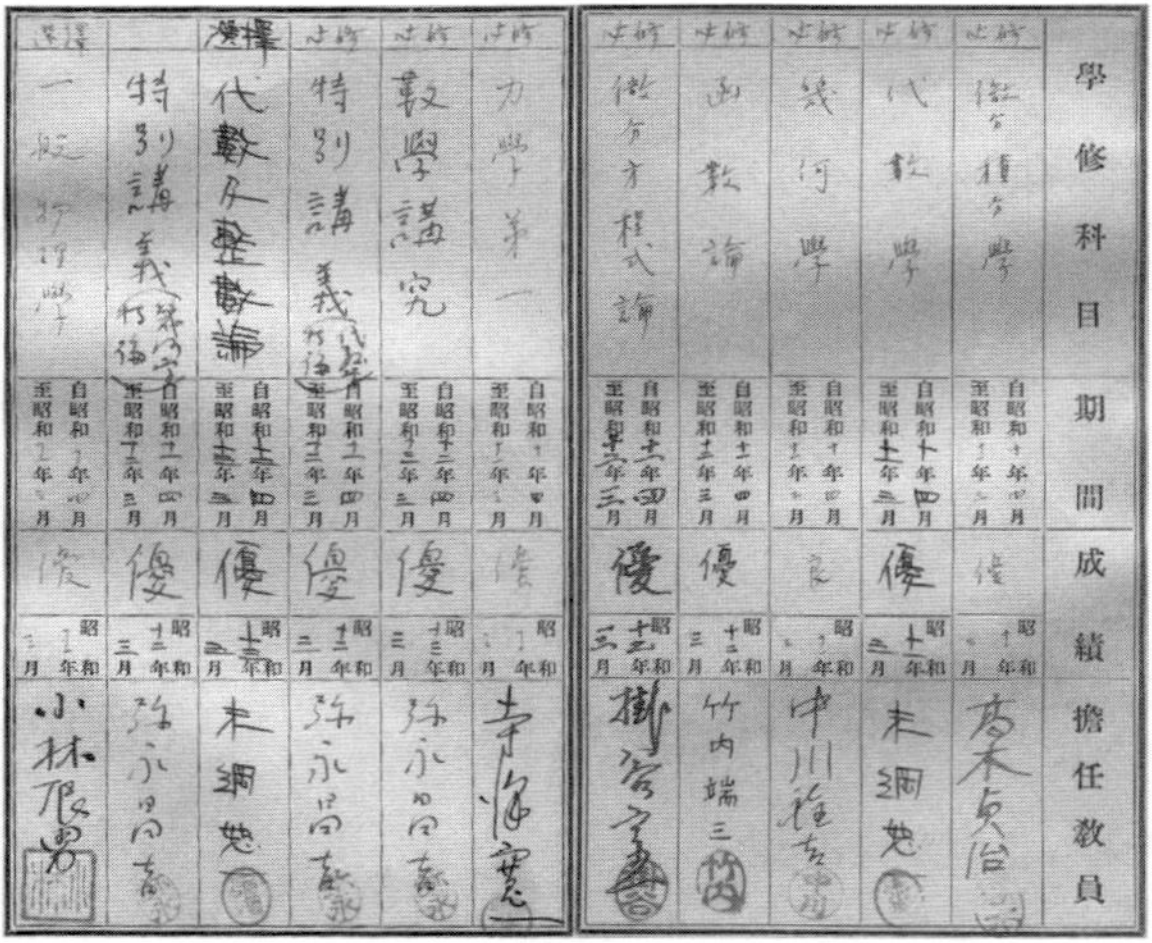


東大数学科時代の学修簿．成績とともに担当教員の署名，捺印がある．

質をもつものの例をつくったりして面白かった、という記憶があるが、どんな例であったかは思い出せない。

講義はサボったが、大学へは毎日行っていたと思う。あるいは隔日であったかも知れないが、皆と一緒に第二食堂へ行きアイスクリームを食べておしゃべりをした。おしゃべりの常連は同級生の伊藤清さん、河田敬義さん、古屋茂さん、中村秀雄さん、白石一誠さん、それから一年下の安倍亮さんであった。お昼の定食が十五銭、特上が二十五銭、御飯はただでお櫃《ひつ》に入れてテーブルの上に置いてあった。アイスクリームにちょっとでもゴミがついていると、ウエートレスを呼びつけて新しいのをもってこさせ、ゴミのついたのも新しくもってきたのも両方とも食べてしまう猛者《もさ》がいた。

安倍亮さんの博識ぶりをちょっと紹介すると、一緒に散歩に行けば道端に生えている草花の名称を全部教えてくれる、映画を見に行けば画面に現われた建築物が何世紀のどういうスタイルかを説明してくれる、という調子であった。ピアノが上手で音楽理論にも詳しかった。ある日、いつものようにみんなで第二食堂でアイスクリームをなめながらおしゃべりをしていたとき、物識りをもって任ずる中村秀雄さんが『神皇正統記』を暗唱してみせたが、途中でつかえてしまった。伊藤清さんがそのあとを続けたが、またつかえた。そうしたら安倍さんがその後を続けた。それ以来、中村さんは自称物識り、安倍さんは本物の物識りということになった。

夏休みになった。私は夏休みにアレクサンドロフ－ホップ著の『トポロジー』というドイツ語の分厚い本を勉強しようと思ったが、クーラーはまだなかったから暑くてたまらない。夜、庭に出れば涼しいが、蚊の大群に襲われる。はっきりした記憶はないが、母の話によると、私は庭に蚊帳《かや》を吊ってその中で勉強したという。遂に父にねだって大枚百円貰って軽井沢に行き、旧軽井沢町の真ん中にあった軽井沢ホテルに泊まって勉強した。

なぜ軽井沢を選んだかというと、子供の頃一夏過ごした軽井沢の素晴らしい印象が忘れられなかったからである。その夏は母はどういうわけか上諏訪へは行かず、私と弟を連れて父方の叔父の一家と一緒に軽井沢の離山の麓にあった別荘を借りて過ごした。

当時の軽井沢は浅間山の天明の大爆発で焼き払われてしまったのか、樹木はほとんどなく、一面に松虫草、われもこう、桔梗、萱草《かんぞう》などの咲き競う草原が広がっていて、別荘の二階から南軽井沢まで一望の下に見渡すことができた。離山の麓には別荘はまだ数えるほどしかなかった。天候も今と違って晴れた日が多く、入道雲の影が草原を静かに動いていた。実に雄大な眺めであった。毎日のように夕立があって雷が鳴った。霧が立ち込めることはあったが、空気は爽やかであった。

軽井沢ホテルは旧軽井沢町の真ん中辺にあった。当時、信越線は横川から軽井沢までアプト式の電気機関車に牽引されて一時間かかった。碓氷峠のトンネルを抜けると、高原の涼風が車窓から流れ込んだ。昔の通りの爽やかな軽井沢であった。

当時も軽井沢のホテルは安くなかったから、百円ではそう長く泊まることはできない。十日滞在して、そのあと小海線経由で上諏訪の祖父の家へ行き、離れに泊まって勉強を続けた。小海線の客車の網棚からノミが一匹私の襟首に落ち、背中を刺しながら下りていった。これには参った。

『トポロジー』のつぎにドイリング著の『アルゲブレン』という代数の本を読んだ。そして短い論文を書いた。

二年生のための講義は竹内端三先生の関数論、掛谷宗一先生の微分方程式等であった。微分方程式の演習のとき、そっとのぞいて見ると出席しているのは五、六人で、掛谷先生は学生の写真と出席者を見比べておられた。これは困ったと思ったが、それでも私は何故か出席しなかった。

年度末の試験のときには、その数週間前に河田敬義さんからノートを借りてきて写した。河田さんのノートは実に詳しく、先生の言われたことは全部書いてあった。もちろん、複写機などというものはなかったから手で書いて写したのである。ノートを整理しながらていねいに書き写して行くと、それだけで講義の内容は自然に頭に入った。私が写したノートをまた借りにきた人がいたが、それが誰であったかは思い出せない。

# モラトリアム人間

三年になると「数学講究」だけが必修で、あとは何もしなくてよかった。「数学講究」では一人の指導教官について本や論文を読んで数学の研究をはじめることになっていた。「講究」はゼミすなわちゼミナールのことである。

私は三年のゼミは弥永先生について。その頃私はドイリングの本で代数を勉強していたので、ゼミは代数にしようと思い、同じドイリングの本を勉強していた河田敬義さんと一緒に末綱先生のお宅に伺ってゼミをお願いした。そのときは承諾されたようであったが、数日後に末綱先生から「ゼミは弥永先生について幾何を勉強するように」という手紙を戴いた。早速その手紙をもって弥永先生のお宅に伺ってゼミをお願いしたのである。

不思議なことに、ゼミで何をしたか記憶がない。ゼミをやっている情景が全然頭に浮かんでこないのである。弥永先生によると、私はこのゼミでアレクサンドロフ－ホップ著の『トポロジー』を読んだそうである。前年の夏休みに、軽井沢にまで行ってむきになって読んだ本である。ゼミで読んだのが二度目だったので、印象が薄かったのかも知れない。

三年の夏休みに、私は古屋茂さんと彼の友人と三人で奥穂高に登った。古屋さんは山登りが好きでそれまでに何度も三千メートル級の高い山に登っていたが、私は高い山へ登ったのはこれが最初で最後である。上高地から登りはじめたときにはよく晴れていたが、次第に天気が悪くなり、尾根に達したときにはすっかり雲に囲まれて視野は数メートルに限られてしまった。晴れていたら素晴らしい眺めであったに違いないが、見えたのは数メートル先の岩だけであった。どこに向かって歩いていたのか私にはさっぱりわからなかったが、古屋さんはわかっていたらしく、夕方には奥穂高の山小屋に辿り着いた。

帰りの中央線の汽車の中で、周囲の人達が「今度は赤紙がくるぞ」というような話をしていて何だか様子がおかしい。東京へ帰って新聞を見たら、私達が山に登っている間に日華事変が起こって、戦争がはじまっていたのであった。

私は数学科を卒業すると、普通に入試を受けて物理学科に入学した。入試には私が最も苦手とする化学があった。到底できそうもなかったので、物理学科の主任の寺沢先生に「化学ができないのですが」と伺ったら、「物理学科の入試では化学にはあまりウエートを置かないから化学が0点でも入れます」と言われた。それで安心して、一カ月ほど物理を勉強して入試を受けた。

物理学科に再入学した理由は、一つには、当時ヘルマン・ワイルの『群論と量子力学』とかフォン・ノイマンの『量子力学の数学的基礎』などという本が出版されて、数学と物理の関係がますます密接になりそうに見えたこと、もう一つは私が今の言葉でいえばモラトリアム人間であったことである。日華事変は拡大する一方で、卒業してもどうなるか見通しがつかない。今のモラトリアム学生は留年して卒業を延ばすが、私は物理学科に入学して卒業を延ばしたのである。

当時の東大の理論物理は物理数学的色彩が強く、必修課目のいくつかは数学科と共通であったし、相対論にしても量子論にしても学生が苦労するのはそこで用いられる

東大時代の著者

数学であるから、数学科を卒業した私にとって物理学科は楽であった。その上、物理の学生のための数学の科目のいくつかは担当の先生にお願いして試験を免除して戴いた。教室で講義のあと先生に「試験を免除して下さい」とお願いすると、「ええ、いいでしょう」とその場で承諾された。どうして教授会にも諮らずに独断で試験を免除できたか、また試験を免除した学生の成績をどうつけたか、今考えると不思議であるが、そのときは何とも思わなかった。実に呑気なものであった。

一年のとき物理の実験が必修であった。その一回目がハンダ付けの練習であったことはよく覚えているが、二回目以降どんな実験をしたか、全然思い出せない。それから物理数学演習というのが数学科のときの力学演習と同様な苦行であった。二年になって、当時お天気博士といわれて有名であった藤原咲平先生の気象学の講義を聴きに行った。一時間目のはじめに先生がのんびりした口調で、「一学期にはつまらない話をします。二学期になって学生の人数が減ったら少し面白い話をします」と言われた。私はあきれ返って一回でやめてしまった。天文学の萩原先生の講義を聴いたが、ものすごいスピードでさっぱりわからなかった。講義が済んで小使い室でお茶を飲んでいると、先生もお茶を飲みに来られて「どうだ、君、わからなかったろう」と大得意であった。これで講義は必ずしも学生にわからせるためにあるのではないと悟った。

そうこうしているうちに三年生になった。三年のゼミは坂井卓三先生について場の理論を勉強した。場の理論はまだはじまったばかりで、本はなかったから論文をいくつか読んだ。

私は物理学科に入学しても、物理の勉強と並行して数学の研究を続けていた。物理学科在学中に書いた論文が八編ある。そのうち六編は日本学士院欧文紀要に発表した短編であるが、最後の一編はハール測度に関する長い論文で、はじめ日本語で『全国紙上数学談話会』に発表し、三年の夏休みから秋にかけてドイツ語に訳し、弥永先生にドイツ語を直して戴いて『日本数学物理学会誌』に投稿した。当時、日本数学会と日本物理学会は一緒で日本数学物理学会と称した。『日本数学物理学会誌』は予算が十分あったのか、投稿者の数が少なかったのか、私の長い論文が数カ月で印刷になった。

話は前後するが、私は中学三年の頃ピアノを習い始めた。父が大正十一年にドイツから買ってきたピアノは、そのままうちの応接間に置いてあった。中学三年の頃ちょっと弾いてみたら、案外楽譜が読めて、簡単なソナチネぐらい弾けるようになった。当時、お隣りに東京高校のドイツ文学の教授石川練次氏一家が住んでいた。氏は母の兄嫁の弟で、私は石川の小父さんと呼んでいた。この小父さんが音楽好きで、ピアノを弾くなら専門家に習う方がよい、と言って、教え子でピアノを弾く東大の学生中島得二さんを紹介してくれた。習いはじめてみると、毎日スケールとアルペジオからはじめて二時間は練習しなければならない。かなりの難行であった。はじめなければよかった、と後悔しないでもなかったが、我慢して週一回中島さんのうちへレッスンに通った。

しばらくして中島さんが東大を卒業して地方に就職されたので、お姉さんのバイオリニスト中島田鶴子先生に習うことになった。どのくらいの期間習ったか、どんな曲を習ったか、はっきり覚えていないが、メンデルスゾーンのロンド・カプリチオーゾ

リサイタルの後で．前列右端が著者，同右から5番目が外山滋さん．

を習ったことはよく覚えている。その頃来日したモイセイビッチのピアノ独奏会を田鶴子先生と一緒に聴きに行った。その曲目の中にロンド・カプリチオーゾがあった。ものすごいテンポで唖然とした。これが生まれてはじめて聴いたピアノ独奏会であった。

その後、田鶴子先生に「ピアノはやはりピアニストに習った方がよい」と言われ、先生の紹介で河上徹太郎氏の奥さんについた。ピアノのレッスンで先生に叱られるのは当然であるが、河上先生の叱り方には何か意気消沈させるものがあった。私は数カ月で厭になってやめてしまった。

しばらく経って、田鶴子先生の紹介で沢崎

秋子先生についた。今度は割に長く、秋子先生が井口基成氏と結婚された後まで続けたが、数学科の一年生のとき盲腸の手術で入院してしばらく休み、そのままになってしまった。秋子先生にはベートーベンのピアノソナタ十七番、シューマンのユモレスク等を習ったのは覚えている。最後に習っていたのはショパンのバラードの一番であった。

ピアノを習うのはやめてしまったが、そのうちに毎年、田鶴子先生のお弟子のリサイタルでバイオリンの伴奏を頼まれるようになった。私が物理学科の学生であった頃である。お弟子の中には小さな子供もいて、専門のピアニストに伴奏を頼むのはちょっと具合が悪い。気楽に頼め、初見がきく人というようなことで私が頼まれたらしい。私が伴奏をした人の中に外山滋さん、田宮博教授のお嬢さんの孝子さん、上野豊子さん、弥永先生の妹のセイ子等がいた。手元に昭和十五年のリサイタルの写真があるが、そのとき滋さんは五歳、孝子さんは十歳でまん丸な顔をしてお人形のように可愛らしかった。外山滋さんは現在バイオリニストとして活躍中、孝子さんは後にピアノに転向して現在東京芸術大学の助教授である。私はこのバイオリンの伴奏が縁になって、後にセイ子と結婚することになったのである。

# 思い出の名人達

モイセイビッチのつぎに野辺地瓜丸のピアノ独奏会を聴いた。ピアノの音が非常に小さかったのを憶えている。その後しばしばピアノの独奏会を聴いたが、名前を憶えているピアニストは、日本人では井上園子、井口基成、原智恵子、等。外国人ではルビンシュタイン、フリードマン、ケンプ、クロイッツァー、等である。オーケストラは新響(NHK交響楽団の前身)の定期演奏を聴いた。指揮者は近衛秀麿であったが、後にローゼンシュトックに変わった。中島田鶴子先生が新響のメンバーでバイオリンを弾いておられた。

ルビンシュタインは、日比谷公会堂で四晩続けてピアノ独奏会を開いたと記憶している。彼の自伝によると、それは昭和十年の春であった。私は一晩だけ聴きに行ったが、聴衆の入りは悪く、三分の一は空席であった。プログラムにあった曲目は忘れてしまったが、アンコールでファリヤの「火祭りの踊り」を両手を交互に天井にとどくと思われるほど高く上げて弾いたのが印象に残っている。これは彼の得意なポーズらしく、後にアメリカのボルチモアで聴いたときも、アンコールで同じ「火祭りの踊り」を同じように両手を交互に高く上げて弾いた。

ケンプの独奏会では、休憩のとき聴衆から募集したテーマから一つを選んで、それをもとにして即興演奏(improvisation)をした。選ばれたテーマは越後獅子で、演奏は静かなフーガからはじまって十五分も続き、ベートーベンのシンフォニーを思わせる堂々たる変奏で終わった。これにはすっかり感心してしまった。どうしてこういうことができるのか、想像もつかなかった。私が即興演奏を聴いたのは、これが最初にして最後であった。

ナチスに追われて日本に永住したクロイッツァーは、何度も聴いて深い感銘を受けた。リストの「こびとの踊り」、パガニーニ練習曲、ショパンの前奏曲、練習曲、ト短調のノクターン、シューマンの交響練習曲、等の演奏は今でも耳に残っている。「こびとの踊り」ははじめから終わりまでピアニシモで弾いて、全体に春の霞がかかったような不思議な効果を出した。パガニーニ練習曲では、その一番のはじめのアルペジオとクロマティク・スケールでもう圧倒されてしまった。ショパンのノクターンの終わりに、

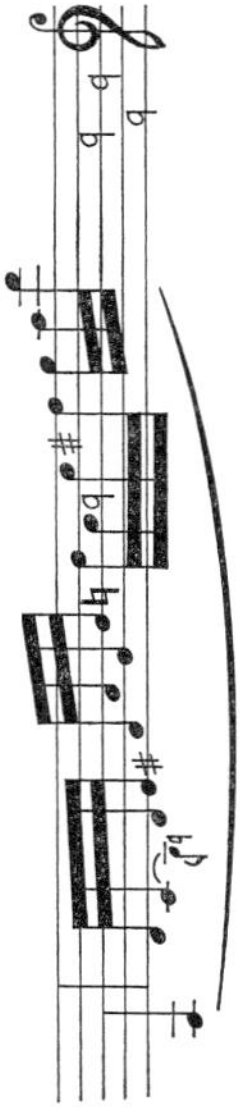

という所がある。Gから二オクターブ半上のCまで上がっていくのであるが、それが地底から天上まで上ったように聴こえた。クロイッツァーが弾くと、低音はどこまでも低く、高音はどこまでも高く、ピアノの幅が二倍になったように聴こえたのが不思議であった。

　外国人のピアニストは日本人のピアニストよりも桁違いに上手で、ピアノの音からして違っていた。今にして思えば、ルビンシュタインもフリードマンもケンプもクロイッツァーも名人として歴史に名が残るピアニストで、上手なのが当然であったが、

無知な私は外国人のピアニストは皆こういう風に上手だと思い込んでいた。これが大間違いのもとで、一九四九年にプリンストンに移ってからも、聴きたければいつでもこういう素晴らしい演奏が聴けるものと思い、わざわざニューヨーク(プリンストンから車で一時間で行ける)まで音楽会を聴きに行こうという努力を全くしなかった。トスカニーニもシュナーベルも、全盛時代のホロヴィッツも聴かなかった。実に残念なことをしたと思う。

新響の定期演奏については、マーラーの「大地の歌」を何度も聴かされて退屈したこと、ローゼンシュトックが指揮したラヴェルの「道化師の朝の歌」が名演で、聴いていておかしくなって笑いを抑えるのに苦労したこと、ベートーベンの第九は聴く度に感激したこと、ぐらいしか憶えていない。

叔父に電気蓄音機を買って貰ってレコードを聴きはじめたのは中学の四年の頃であった。蓄音機もレコードも戦災で焼失してしまったが、格別な思い出があるのはJ・レヴィーンが弾いたシュルツ・エブラーのブルー・ダニューブ・ワルツによるコンサート・アラベスクのレコードである。

この曲は、シュトラウスのブルー・ダニューブ・ワルツのコンサート用の編曲である。近頃、こういう編曲物を弾くピアニストはいないようであるが、当時は有名な難曲でしばしば演奏されたらしい。私は日比谷公会堂でこの曲の演奏を何度も聴いた。一度はフリードマンの独奏会で、もう一度は上野の音楽学校の外国人の教授が任期を終えて帰国するときの告別演奏会で、三度目はこの曲の二台のピアノのための編曲をローゼンシュトックと井上園子が弾いたのを聴いた。当時、私はレヴィーンがどういうピアニストか全然知らなかったが、レコードは素晴らしく、実に楽しい演奏であったので、繰り返し何度も聴いた。

終戦後間もなく、疎開先の諏訪の米沢村でラジオで久し振りにこのレヴィーンのレコードを聴いたとき、ああ、やっと以前のように音楽が聴ける平和な世界に戻った、と実に感無量であった。このときのラジオの解説で、レヴィーンが戦争中に亡くなったことを知った。

後にアメリカに住むようになってから、一九五五年にビクターが出した「レヴィーンの芸術(The Art of Josef Lhevine)」というレコードを手に入れ、ピアニストに関する本を読んで、レヴィーンが超一流であったことを知った。レコードはレヴィーンのSPレコードをまとめてLPに直したもので、ショパンの三度、オクターブ、木枯し(Winter wind)の練習曲、英雄ポロネーズ、シューマンのトッカータ、等、それからシュルツ・エブラーのブルー・ダニューブ・ワルツによるコンサート・アラベスクが入っている。

演奏は超人的である。このことは、現在ショパンの練習曲の模範演奏とされているポリーニのレコードと聴き比べてみればわかる。三度の練習曲など、レヴィーンに比べるとポリーニの演奏がまるで音楽学校の生徒が練習をしているように聴こえる。ポリーニだけ聴いていれば、その楽譜に忠実な演奏は完璧で、三度の練習曲はこういう曲だと思ってしまう。ところがレヴィーンを聴くと、なるほど三度の練習曲はこういう風に弾くべき曲であったか、とその美しさに目が覚める思いがするのである。ポリーニは楽譜に忠実に弾いているがいまだその読みが浅く、レヴィーンの読みは深い、ということであろう。

レヴィーンはモスクワ音楽院でラフマニノフと同級であった。ショーンベルグ著『大ピアニスト』によると、ホフマンとラフマニノフがレヴィーンと同時代の最高の名人であったという。

ラフマニノフの演奏はレコードで聴くことができる。ビクターが出した「ラフマニノフの芸術」というレコードにシューマンの「謝肉祭」が入っている。その最終章「フィリスティンに対抗するダビデ同盟の行進曲」の飛ぶようなテンポで息もつかせずに終わりまで押していく演奏の迫力は圧倒的で、これと聴き比べるとルビンシュタインのレコードでも生徒が練習しているように聴こえる。ラフマニノフのレコードが残っていなければ、シューマンの「謝肉祭」がこういうファンタスティックな音楽であることを知らずに済んでしまうところである。音楽は名人の演奏によらなければその神髄を聴くことはできない。不思議なことである。

# 戦争勃発

私は物理学科を卒業すると、物理学科の研究嘱託になって講義をした。何を講義したか全然記憶にないが、初めて教壇に立って神妙に講義を聴いている黒い制服を着た学生達を眺めたとき、すこぶる妙な気がしたことはよく覚えている。その年の暮れに太平洋戦争が勃発した。

一年半後、昭和十七年九月に、菅原正夫先生の推薦で東京文理科大学の数学科の助教授になった。東京大学の物理学科の方はそのままで講義を続けた。文理大では数学の講義と学生のゼミの指導を受け持ったが、教室会議も教授会もなかった。なかったというのは変な話であるが、そういう事務的な仕事は菅原先生が一手に引き受け、私が数学に専念できるように配慮して下さったのであろう。

私は十八年の五月三十日に、藤原咲平先生の御媒酌で現在の妻セイ子と結婚した。

新婚旅行は配給米を持参して箱根の強羅へ行った。当時、もう相当な食糧難で、お米を持っていかなければお金を払ってもホテルに泊めてもらえなかった。

翌十九年の一月に、私は東大の物理学科の助教授になった。文理大の数学科の助教授は併任でそのまま続けた。三月には長男和彦が生まれた。物理学科では当然、物理数学の担当であった。

この年の秋頃から東京の空襲が次第に激しくなってきて、空襲警報のサイレンが鳴ると物理教室の地下室に避難するようになった。透明な青空の一万メートルの上空を編隊をなして飛ぶ、銀色に輝くB29は実に美しかった。薄暗い地下室に避難しているわれわれと同じ人間の仕業とは到底考えられなかった。何か宇宙人にでも攻撃さ

結婚式で(昭和18年)

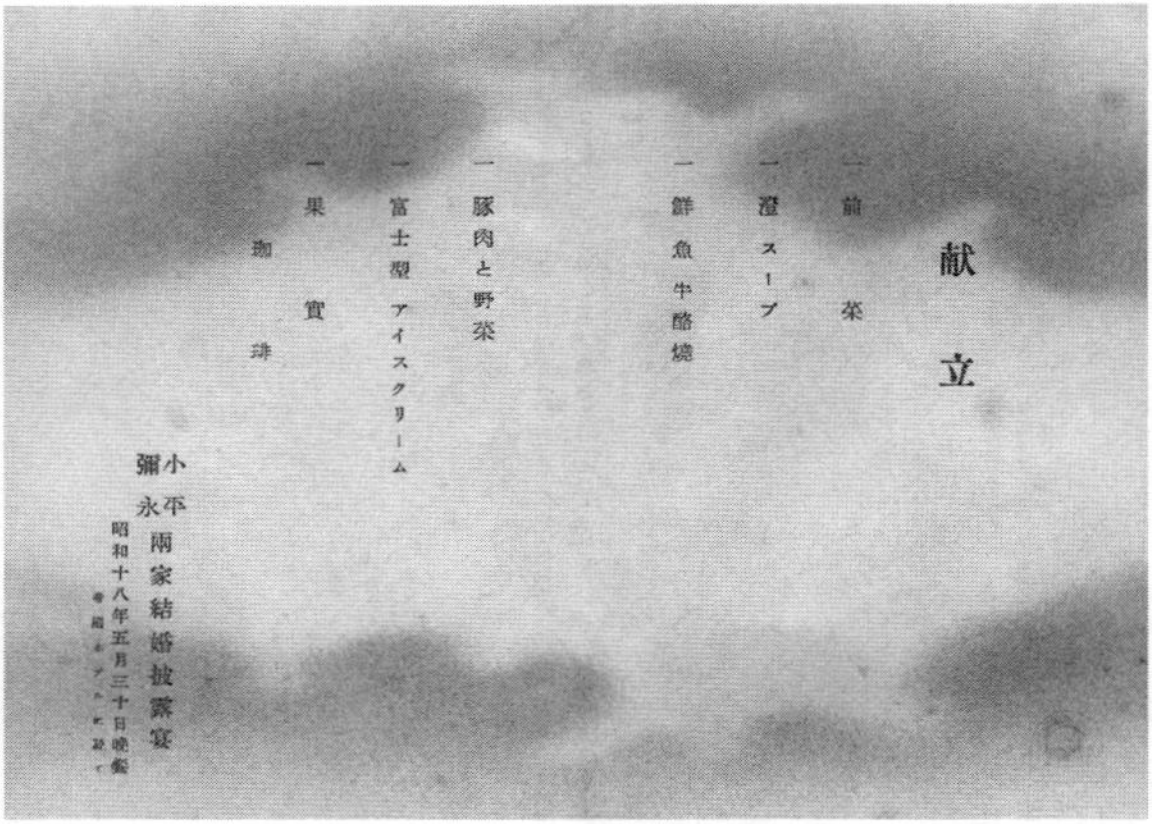

献立

一 前菜
一 澄スープ
一 鮮魚牛酪焼
一 豚肉と野菜
一 富士型アイスクリーム
一 果實
　 珈琲

小平
彌永 兩家結婚披露宴
昭和十八年五月三十日晩餐
帝國ホテルに於て

帝国ホテルの披露宴の献立．戦時中でもあり質素である．

れているような感じで、一向敵愾心《てきがいしん》が湧かなかった。

　秋頃から弥永一族の女・子供を軽井沢の別荘に疎開させることになり、私の家内と長男を含めて女五人、子供七人が別荘で集団生活をはじめた。配給米では足りないので、家内は自転車で塩沢湖の辺りまで買い出しに出掛けたが、物々交換で、絹の着物一枚を小豆一升と換えて貰う、という調子で、この次はコートを持っておいで、と言われたそうである。山羊を飼って子供達にその乳を飲ませよう、と企てたが、山羊が麩《ふすま》を食べ過ぎてじきに死んでしまったのは哀れであった。麪を無制限に食べさせてはいけない、という山羊の飼い方の基本を知らなかったのである。

冬休みには男三人が加わって、大人が八人になったと記憶している。夏休みの避暑のために建てた別荘で、軽井沢の厳しい冬を越すのは容易でなかった。気温はマイナス二十度まで下がった。水道が凍結しないように水を垂れ流しにしておいたが、それでもある夜、水道管が破裂して噴き出す水を止めるのに苦労した。薪はあったから五右衛門風呂を沸かすことはできたが、風呂場の壁に厚い氷が張って冬中とけなかった。

一番困ったのは便所であった。水洗便所は凍って使えないので女中部屋の汲み取り便所を皆で使ったが、はじから凍るので排泄物の氷の山ができて次第に成長し、遂に山頂が床より高くなった。私はこれを壊そうと金槌で力一ぱい叩いたが、山頂がわずかに欠けただけで氷山はびくともしなかった。欠けた破片が顔に飛んできたが、ヒヤリとしただけで少しも臭くなかった。汚物もマイナス二十度まで温度が下がると、その悪臭まで凍ってしまうことを発見した。

翌二十年になると空襲はますます頻繁になり、サイレンが鳴るたびに地下にもぐっていてはろくに授業もできない。何とか教室を田舎に疎開したいものだと思い、父に相談したら、疎開先を世話してやるという。そこで物理教室の会食のとき、「物理教室を田舎に疎開したらよいと思うのですが」と提案したら、「疎開先はありますか」と言う。「疎開先は父が世話してくれると言っています」と言うと、「それでは疎開しましょう」とたちまち衆議一決してしまった。

これには驚いた。こんな大問題が簡単に決まるとは夢にも思わなかった。あるいはパーキンソンの法則が働いて、大問題だからかえって簡単に決まったのかも知れない。しかし、決まったからには私が責任をもって疎開させなければならない。その上、数学科も疎開に合流することになった。困ったことに、私の事務能力はゼロである。仕方がないから疎開先の諏訪の村役場、教室を貸してくれる小学校、宿泊所の旅館等との交渉はすべて父に頼んで、私のしたことは父の指示通りに村長さん、小学校の校長先生等に挨拶に行っただけであった。

要するに、何もしなかったのであるが、あいつは何もできないような顔をしているが、やらせれば結構できるではないか、という印象を与えたようで、これが後年、理学部長に選任された一因をなしたらしい。

私は生まれつきの怠けものである。「ライフ・ネーチュア・ライブラリー」で、南米に住むナマケモノという動物は徹底的に怠ける――木の枝にぶら下がってじっとして動かないで、体に苔が生えて植物と区別がつかなくなるまで怠けることによって生き残ることに成功した古代生物メガテリウムの唯一の子孫である、という話を読んで、これこそ私の理想である！　と感激したほどの怠けものであって、およそ「長」と名がつく仕事は大嫌いである。それが学部長に選任されてしまったのは因果応報というものであろう。

疎開先の大学は、茅野と下諏訪の奥の長地村《おさち》の二カ所に分かれていた。数学の二年と三年が茅野、数学の一年と物理が長地村であった。茅野の方は風呂屋と寿司屋の二階に学生達が寝泊まりしていた。長地村の方は山奥の小さな温泉宿が学生達の宿舎であった。家族と一緒に疎開された先生方は、農家の一隅を借りて住んでおられた。

疎開して空襲からは逃れたが、食糧難には参った。食糧事情は田舎の方が東京よりもましであろう、と考えていたのが全く見込み違いであった。経験のない人には絶対にわからないらしいが、食べるものがないというのは実に惨めなものである。それにもかかわらず皆よく勉強した。この疎開したクラスから優秀な数学者が輩出したことから見ても、生活環境と学問とはあまり相関関係はないようである。

# 終　戦

私達一家は米沢村の父の生家に疎開した。かつて祖父母が住んでいた古い家であった。私は茅野まで六キロ歩き、茅野から下諏訪まで汽車に乗り、下諏訪から長地村の物理学科が教室を借りている小学校まで一キロ歩いた。往復十四キロ歩いたことになる。

四月十三日の空襲で、東京の中落合の父の家は焼失してしまった。そのとき家にいた父と秘書の渡辺英夫さん、お手伝いの花代さんの三人は火に追われて逃げ回り、夜明け前に乞食のような姿で渋谷松濤の森元紀美雄氏の家に辿りついたという。そこで数日を過ごして善後策を協議し、結局、父と渡辺さん、花代さんは世田谷の千歳船橋の立志舎という寮に住むことになった。母は米沢村にいたので、空襲の難は免れた。

その年の八月十五日に終戦になった。必勝であるといっていた戦争に負けても、別

疎開先の米沢村の家

に何の騒ぎも起こらなかった。皆内心、必敗と思っていたのであろう。

私の弟は陸軍に召集されて幹部候補生から将校になったが、幸いにして内地に留まり、終戦の頃には宇品の船舶部隊にいた。宇品は広島から六キロほどの距離にある。八月六日の朝、部隊の事務室にいた弟がものすごい爆音を聞いて外にとび出すと茸雲《きのこ》が綺麗に見えた。事務室にカメラを取りに行って急いで引き返したら、もう茸雲の形がくずれて円筒状になっていたという。その夜広島に行き、十日間にわたって死体の片付けをしたそうである。

船舶部隊というのは外地へ派遣した陸軍部隊のための兵站基地で、材木、米、砂糖等の資材が豊富にあった。終戦後武器、弾薬は米軍に引き渡し、他の資材は故郷に帰る兵隊に持たせてやったという。広島の近くの故郷に何回にもわたって材木を運んで家を一軒建て、弟に「広島にお出の節は是非お寄り下さい」と言った兵隊がいたそうである。弟はこういう後始末を済ませて、十月のはじめに米沢村に帰ってきた。そのとき砂糖をもってきたが、米はもってこなかった。食糧不足のことはよく知らなかったらしく、米の一俵ももってくればよかったと言っていた。

秀才の誉れ高かった安倍亮さんは当時の一高の校長、後に文部大臣になった安倍能成《よししげ》氏の長男で、数学科を卒業して数年後に東京文理科大学の数学科の助教授になった。亮さんは私の妻の姉のタエ子さんと結婚していた。安倍さんの一家も米沢村に疎開していたが、亮さんはしばらく家族から離れて、文理大の数学教室の疎開先長野県小県《ちいさがた》郡滋野村に滞在した。彼は責任感の強い人で、文理大の疎開のために懸命に働いたのであろうが、それが病弱であった彼には無理であったのであろう。亮さんは夏に米沢村の家族の下に帰ってから病いの床に伏し、十月に亡くなった。享年三十歳。

惜しいことであった。亮さんの論文三十八編は単行本として岩波書店から刊行された。

終戦後疎開した物理教室がいつどのようにして東京に帰ったか、全く記憶にない。私は少し遅れて秋になってから東京に帰った。帰りの汽車の中で片方の靴を盗まれ、雨のびしょびしょ降る中を片足は裸足、片足は靴をはいて、地図を見ながら父が泊まっていた千歳船橋の立志舎に辿りついた。そして立志舎の一室に泊まって東京大学に通った。家族は東京に帰っても住む所がないので米沢村にとどまり、週末に私が米沢村に帰ることにした。

弟は当時気象台長であった藤原咲平先生のお世話で気象台に勤めることになり、やはり立志舎に泊まって気象台に通った。後に弟は気象研究所で気象衛星ひまわり一号の設計に携わり、さらに五十二年四月には気象衛星センターの初代所長となって、ひまわり一号の打ち上げと観測に携わった。

しばらくして父、私達兄弟と花代さんは中落合の焼け跡に建てたバラックに移った。それがいつであったか、私も弟も覚えていないが、二十二年の夏にはもう移っていたと思う。

米沢村にいた長男の和彦がネフローゼという難病にかかって、二十二年の一月に上諏訪の日赤病院に入院した。家内は妊娠五カ月の身重であったが、それからは六畳間の病室が家内と和彦の住居となった。私は週末には上諏訪に行ってその病室に泊まったが、夜な夜な現われる南京虫には悩まされた(今の方々はご存知ないかも知れないが、南京虫はつぶすと南京豆の匂いがする)。当時の病院では、食事は炭や米を運んで自分で煮炊きしなければならなかった。

五月には長女が生まれた。しかし、和彦はいつ急変があるかも知れぬ病状だった。小児科部長の宮坂先生にはずい分お世話になった。遂に入院費が尽きて十一月のはじめに米沢村に連れて帰ったが、十三日には三歳八カ月の幼い命は他界してしまった。長女の康子は六カ月であった。

# 曲がった空間の理論

東京に帰っても食糧難は相変わらずで、暖房は炬燵《こたつ》だけ、頻繁に停電した。進駐軍に接収されてアメリカ人が住んでいる家だけは停電がなかった。銀座には進駐軍専用のレストランがあった。その中の一軒はガラス張りで、暖かそうな部屋で煌《こう》々と輝くシャンデリヤの下でアメリカ人がおいしそうなビフテキを食べているのが見えたのを、今でもありありと思い出す。いつの日か日本の経済が回復して繁栄するとは到底考えられなかった。日本は永遠に四流国に成り下がったと思ってすこぶる情けなかった。

それにもかかわらず、学生はよく勉強した。そしてよくできた。試験のときあらゆる知恵をしぼって難しい問題を出しても、満点をとる学生が必ず何人かいた。年度末試験に、あらゆる知恵をしぼって易しい問題を出さなければならない現在の大学生とは大違いであった。物理教室の私の研究室の机の引き出しに、どういうわけかレモンが一個入っていた。当時、レモンは貴重品であった。青かびが生えていたが、香りは変わらない。できるだけ薄く切ったレモンを入れた紅茶をすすりながら、夜の八時過ぎまでゼミを続けた。もちろん夕食抜きであった。ろくに食べるものも食べないで、皆どうしてあんなにエネルギーがあったのか、不思議である。

このゼミで何を勉強したか、忘れてしまったが、ハイゼンベルグのS行列の理論の論文を勉強したことは覚えている。ハイゼンベルグは「物理の理論は直接観測可能な量だけを用いて組み立てるべきである」という哲学に基づいてS行列の理論を提案したのであった。私はこの間まで知らなかったのであるが、この論文は戦争中に海軍がドイツから潜水艦で運んできたのだというから驚く。

このゼミがきっかけで私は二階常微分方程式の固有値問題に興味をもち、固有関数展開の一般の公式を発見した。この公式を用いると、物理数学でそれまで別々に証明していたいろいろな特殊関数による展開公式が一挙に証明できること、シュレーディンガー方程式に応用するとハイゼンベルグのS行列との関連が導かれること等がわかったので、結果を「二階常微分方程式の固有値問題とハイゼンベルグのS行列の理論」と題する英文の論文にまとめて、二十三年の八月にプリンストンの高級研究所に招かれて渡米された湯川秀樹先生にお願いしてワイル教授に手渡して戴いた。

そうしたらワイル教授から手紙で、すでにティチュマルシュが全く別な方法で同じ公式を得ていることを知らせて下さった。ちょっと残念であったが、論文はワイル教授のお世話で翌一九四九年の『アメリカン・ジャーナル・オブ・マセマティクス』に掲載された。

話は前後するが、私は物理学科を卒業した頃からワイルのリーマン面の理論に惹かれ、彼の名著『リーマン面』を詳しく読んで、何とかしてこれを高次元空間の場合に拡張したいと漠然と考えていた。「リーマン面」の実調和関数に関する部分は実二次元調和ベクトル場の理論である。私はまずこれを高次元の場合に拡張することを試みたが、ド・ラームの定理、アダマールの偏微分方程式の基本解とワイルの直交射影の方法を用いると何の困難もなく拡張できることがわかったので、詳しい論文は後で書くことにして、結果だけを「リーマン多様体上の調和テンソル場」という論文にまとめて、高木貞治先生にお願いして昭和十九年に日本学士院欧文紀要に発表した。

数学に縁のない方は、リーマン多様体というのは、近頃、ブラックホールの通俗解説書などに出てくる曲がった空間の次元を高くしたもの、調和テンソル場はその空間に広がった電磁場と考えて下されぱよい。

詳しい論文は疎開先の諏訪で書き続け、長男が入院していた上諏訪の日赤病院の病室で南京虫に悩まされながら最後のページを書き終えた。この長い論文はしばらくそのままになっていたが、翌二十三年になって角谷静夫さんが、進駐軍に知人がいるから『アナルス・オブ・マセマティクス』に送るように頼んであげると言われた。およそ数学とは縁のなさそうな進駐軍に頼んで果たして無事着くかどうか、不安がないでもなかったが、日本では発表するめどがないので、よろしくお願いすることにした。そうしたら十月になって『アナルス』の編集長のレフシェッツ教授から、論文『アナルス』掲載が決まったという通知がきた。論文は翌一九四九年の『アナル

レフシェッツ教授

ス』に掲載された。

それにしても、どういうつもりで発表のめどのない論文を一生懸命に書いたか、自分でもよくわからない。

# プリンストン行き

プリンストンの高級研究所の所員には全然義務がなく、自分の好きな研究をしていればよい、という話を聞いて、食糧難の日本から食糧豊富なアメリカのプリンストンの高級研究所に行けたら、さぞうれしいだろう、とは思ったが、怠けものの私はこちらから願書を出す、などということには全く思い至らなかった。

昭和二十三年の春、菅原正夫先生から、「高級研究所のワイル教授に君の推薦状を書くように高木貞治先生にお願いしておいたから」という話があった。それから半年ほど経ってワイル教授から、一九四九年(昭和二十四年)九月から一年間高級研究所に来ないか、という招待状がきた。早速、菅原先生と一緒に高木先生のお宅にお礼に行ったら、高木先生は悠然として「エヘヘ……実は怠けていてまだ何も書いてないんで……」と言われた。なるほど、大先生というものはこういうふうに悠然としているものか、と感心した。

ワイル教授から招待状がきたのは、ワイル教授が私の調和テンソル場の論文に興味をもったからであろう。私が発表のめどのないこの論文を書かなければ、また書いても角谷さんが『アナルス』に送るように進駐軍の人に頼んで下さらなければ、私はアメリカへ行かずに日本で楽しく暮らしていたであろう。人間の運命は、ちょっとした偶然によってがらりと変わるものらしい。

渡米の手続きが面倒であった。当時、日本は米軍の占領下にあり、旅券を発行するのは日本政府ではなくマッカーサー司令部であった。もちろん、旅行業者などというものはなかったから、自分で何度も横浜のアメリカ領事館まで行かなければならなかった。ビザのために築地の聖路加病院で身体検査を受けた。病人にはビザは下りないというわけである。

検査はかなり厳しく、胸部のレントゲン写真から回虫の検査まであり、回虫駆除のための薬を飲まされた。強力な薬で、きたない話だけれど、帰宅の途中で回虫が苦しまぎれに肛門から這い出して、ズボンの中を足を伝わって地面へ落ちた。何かヒンヤりした冷たいものが足を伝わって下りていくと思ったら、それが長さ三十センチに近い巨大な回虫であった。

私は一九四九年の八月九日に、横浜から出航する客船プレジデント・ウィルソン号でアメリカへ向かった。オッペンハイマーに招ばれて高級研究所へ行く朝永振一郎先生とご一緒であった。私達は三等船客で、部屋は二段ベッドの六人部屋であった。

朝永振一郎さん(右)と著者
(シカゴの空港にて)

ハワイでは船員がストライキを起こしたので、一日停泊の予定が三日に延びた。朝永先生を尋ねてきたハワイ大学の若い物理学者島本君に歓待され、三日間自動車でハワイ中を見物し、日本料理と中華料理をご馳走になった。島本君の話によると、ハワイには泥棒がいないから、外出するとき家に鍵を掛ける必要はない、と言う。これには感心した。

ハワイ大学で、ある物理の助教授のオフィスに入ると、素粒子論の専門誌『フィジカル・レヴュー』が無造作にボール箱の中に投げ込んであった。島本君が朝永先生に、「この先生は『フィジカル・レヴュー』など全然読まないから、欲しいのがあったら持っていらっしゃい」と言った。朝永先生は「どれどれ」とか言いながら、箱の中を探して三、四冊持ってきてしまった。呑気なものであった。

サンフランシスコまで二週間かかった。サンフランシスコから空路シカゴへ飛び、シカゴ大学で大数学者アンドレ・ヴェイユにお目にかかった。朝永先生のご相伴で、高名な物理学者フェルミにもお会いし、お昼をご馳走になった。

シカゴから汽車でニューヨークに着いた。プリンストンはニューヨークから車で一時間くらいの距離にある。ニューヨークに一週間ほど滞在して、日本を発ってからちょうど一カ月目の九月九日に、高級研究所からの迎えの車でプリンストンに着いた。早速、ワイル教授と所長のオッペンハイマー博士にお目にかかった。

ワイル教授は今世紀最後のスケールの大きい大数学者であろう。研究分野は数学だけでなく、物理学から哲学にまで及び、アインシュタインが一般相対論を発表すれば

ワイル教授(左)とエックマン教授(右)とともに
(後年，チューリヒのワイル教授宅にて)

たちまち『空間・時間・物質』を著して統一場理論を試み、量子力学が出現すれば『群論と量子力学』を書く、というふうで論文百六十余編、著書十六冊に及ぶ膨大な仕事を残した。

はじめてお目にかかったワイル教授は背が高く、丸顔の恰幅のよい紳士で、円満な人の好いおじさんという感じで、いつもニコニコしておられた。意外であった。ワイル教授は私の英語があまりにも下手であったので驚かれたらしく、私の顔をつくづく眺めて、「二学期になって英語がうまくなったらゼミをしよう」と言われた。

当時の高級研究所の数学の教授はワイル、ヴェブレン、モース、ジーゲル、ノイマンの五人、所員はゲーデル、アレキサンダー、モンゴメリー、セルベルグの四人で、その他に私のような一年契約の短期所員が四十人ほどいた。聞いていた通り、短期所員には義務は全然なく、研究所へ行かなくても一向に差しつかえなかった。唯一の条件はプリンストンに住むことであった。

プリンストンは当時人口一万人ほどの小さな大学町で、メインストリートの片側はプリンストン大学、もう一方の側にレストラン、雑貨店等が並んでいた。研究所が朝永先生と私のために用意してくれた下宿は、町はずれの小さな木造の三階建てであった。研究所は町から二キロ離れた森の中にあり、その建物はコの字型で、中央のメイン・ビルディングは四階建て、両翼は二階建てで、私に割り当てられたオフィスはその一翼の二階にあった。見晴らしがよく快適であった。寒暖の変化がはげしい土地であったが、寒い日にも室温が二十二度に自動的に調整されていた。当時の日本では考えられない素晴らしい環境であった。

# 高級研究所

毎朝十時頃、研究所へ行った。町から研究所までバスが通っていたが、歩いても二十五分くらいで着いた。オフィスで本を読んだり論文を書いたりして、十二時に四階の食堂へ行った。大抵ワイル教授も食堂に来られて、われわれ若い所員と一緒に食事をされた。英語がわからないのには弱った。教授がいろいろ冗談を言われるらしく、皆面白そうに笑っていたが、私はただポカンとしているだけであった。ヨーロッパから来た人には、英語はしゃべるよりも書く方がずっと難しいらしく、英語で論文が書けるのにしゃべれない、というのは理解できないようであった。

「君の論文の英語、本当に自分で書いたのか」と聞かれて閉口した。ワイル先生は、私が英語をしゃべれないのが面白くてたまらないらしく、「来年になったらゼミでしゃべって貰う。アハハ……」とか言って大満悦であった。

プリンストン高級研究所

しかし、英語がわからなくても用は足りた。銀行の用事、手紙のタイプ等、すべての用事は秘書のミス・アイグルハートがしてくれた。ミス・アイグルハートは日本の軽井沢で生まれた人で、家内がかつて通っていた香蘭女学校で音楽を教えていたことがあり、そのとき家内が習ったという。これには驚いた。世界は案外狭いと感心した。

高級研究所は五月上旬から九月下旬まで夏休みで、九月の末からぼつぼつ講義やゼミがはじまった。ジーゲル教授の三体問題の講義を聴いた。一時間ずつ週三回、ゆっくりした英語で、どんな難しい式も全部頭に入っているらしく、ノートなしであった。後に私がジョーンズ・ホプキンス大学にいたとき、ジーゲル教授がきて談話会で話をした後、皆で中華料理を食べに行った。そのとき、ジーゲル教授が何気なく「朝九時頃から数学の勉強をはじめて夢中になって、夜半の十二時まで食事を忘れることがよくある。一日分まとめて夜半に食事をすると、どうも胃の調子がおかしくなって困る」と言った。私はこれはかなわない、到底常人のおよぶところではないと思った。

十月のはじめに、プリンストン大学のスペンサー教授からちょっと会いたいという伝言があった。会いに行ったら、私の調和テンソル場の論文についてゼミをしたいと言う。英語がしゃべれないから駄目です、と断ったら、「英語がしゃべれない」と今英語でしゃべったではないか、と言われ、ゼミをすることになった。十月半ばにその一回目があった。ゼミというから誰かが私の論文を読むのかと思ったら、私が私の論文を説明するので、講義と同じことであった。このゼミがその後十数年にわたるスペンサーとの共同研究のはじめになろうとは、そのときは想像もしなかった。

十一月に入って、湯川先生がノーベル賞を受賞されたというニュースが入ったので、朝永先生と一緒にニューヨークの湯川先生のお宅にお祝いに伺った。帰りに毎日新聞の記者につかまり、湯川、朝永両先生と私の三人で座談会をしてほしいといわれたが、朝永先生は頑として動かず、物別れになった。朝永先生は新聞に出るのを徹底的に嫌っておられた。

翌日の夜、プリンストンのレストランで湯川先生のノーベル賞受賞を祝って朝永先生と二人で祝杯をあげた。朝永先生は酔いが回っておしゃべりになり、戦前にドイツに留学したとき、閑つぶしによく映画を見に行ったが、同じニュース映画を二度ずつ見るようになって映画の見過ぎだと気付いた、とか、ハイゼンベルグに夕食に招ばれたが面倒だから断ってしまった、変な奴だと思われたに違いない、とか、いろいろな話をされて、しまいに「もしも僕がノーベル賞をもらったら君に半分やるよ」と言われた。

十一月の半ばに、所長のオッペンハイマーの家で恒例のカクテル・パーティーがあって、研究所の所員がほとんど全員きていた。七時頃そろそろ帰ろうと思って朝永先生をさがしていると、先生は隅っこでつまみ物をもりもり食べておられた。いわく「下宿に帰ってまた食事に出るのは面倒だからここで食べて行くんだ」。帰りにベイトマンという若い数学者がそばに来て何か言うから、多分町まで車で送ってあげる、と言っているのだと思って朝永先生をさそって車に乗ると、ベイトマンの家に連れて行かれて、二次会がはじまり夕食が出た。これには驚いた。「これからうちへ夕食にいらっしゃいませんか」という簡単な英語がわからなかったのである。

ほとんど毎日、夜は町のレストランで朝永先生と一緒に食事をした。プリンストンに着いてから三カ月目のこの頃、日本であれほど羨ましかったアメリカの食べ物に飽きあきして、無闇に日本食が食べたくなった。週末にはしばしばニューヨークに行き、あやしげな日本料理屋で日本食を食べた。

一九五〇年の正月はニューヨークで過ごした。元日には朝永先生と一緒に湯川先生のお宅に伺い、お雑煮をご馳走になって、ノーベル賞の金メダルと賞状を見せて戴いた。翌日の夜は、朝永先生と一緒にある日本人(失礼ながら名前を忘れた)の家で伊勢海老から始まるおせち料理をご馳走になった。当時の日本では到底食べられない豪華な日本料理で、さすが世界一のニューヨークだと感心した。

しかし、食べ過ぎと飲み過ぎで朝永先生はお腹を悪くし、風邪をひいてしょげておられた。先生は歯を全部抜いて総入れ歯にしてすっかり若くなられた。アメリカ製の歯を入れたら、先生の日本語が下手になって英語が上手になったのは不思議であった。ただし入れ歯の値段が何と二百五十ドル(九万円)。私が東大で貰っていた月給が九千円弱であった当時の九万円は大金であった。

お正月に病気をされて以来、朝永先生は気が弱くなってホームシックで日本へ帰る話ばかりされる。「靴をぬいではだしになりたい」、「日本語で思う存分駄べってみたい」、「神通力を失った」、等々。この「神通力を失った」というのは、ちっとも新しいうまい考えが浮かばなくなった、という意味である。帰る前にオッペンハイマーをアッと言わせなければ残念だと言ったら、先生いわく「米の飯を食べなければうまい考えは出ない」。

朝永先生は、この頃はまだ「便所だけは臭くなくていいねー」とアメリカのよい所を認めておられたが、夏が近づくにつれて、先生の言われることは次第にエスカレートしていった。いわく「夏になっても縁日がない」、「窓に網戸が張ってあって蚊が入ってこない。蚊がプーンと飛んでこなければ夏になった気がしない」、等々。遂に「便所はやはり臭くなければ駄目だ!」。

# 夏休み

ワイル教授にはじめてお目にかかったとき、「英語がうまくなったらゼミをしよう」と言われたそのゼミが二月二日からはじまった。毎週金曜日の九時四十分から十一時までで、四月まで続いた。はじめの数回はワイル教授が歴史的な話をされ、つぎにド・ラームがカレントの概念に基づくリーマン多様体上の調和微分形式の理論について七、八回話をした。調和微分形式は調和テンソル場の別名である。その後、私が数回その複素多様体への応用について話した。最終回にはド・ラームが一時間話し、続いて私が一時間半話し、その後皆で町へ行って昼食をした。ジーゲル教授がワインのコップを上げてわれわれのゼミのために乾杯した。

二月半ばの金曜日のゼミの後、珍しくアインシュタインの講義があった。これは一般に知れると、人が大勢押しかけてきて大変だというので、掲示板には「十一時から

ド・ラーム(左)と著者

講義あり」とあるだけで講義の題目も講師の名前も書いてなく、ゼミのとき「十一時からアインシュタインの講義があるけれど、これは秘密だよ」と小さな声で口伝えに伝わってきた。

アインシュタインは上着なしで襟のつまったジャケツを着て現われ、何かボソボソ言いながら黒板に数式を書きはじめた。はじめよくわからなかったが、よく聞くと、式の文字a、b、c…をアー、ベー、ツェー……とドイツ式に読んでいるのであった。講義の内容は一般相対論の計量テンソルとして非対称なものを許せば電磁場を含めた統一場の理論ができる、というものであった。当時、こういう微分幾何学に基づく統一場理論は時代遅れとされ、若い物理学者は見向きもしなかったが、最近また盛んに研究されているようである。学問の流行というものは不思議なものである。

ゼミが終わると高級研究所はもう夏休みで、ワイル教授とジーゲル教授はヨーロッパへ発った。

朝永先生が日本へ帰られる途中、アイオワ州のエイムスという大学町で嵯峨根遼吉先生と落ち合ってサンフランシスコまで大陸横断の自動車旅行をされる、というので私もお供することにした。六月二十七日の朝エイムスを発って、途中グランド・キャニオン等を見物して七月九日にサンフランシスコに着いた。朝永先生も嵯峨根先生も見物には余り熱心でなかった。グランド・キャニオンでも、景色のよさそうな所へくると車を止めて、私に見て来いと言われる。私が偵察に行ってきて、「いい景色ですよ」と報告すると、それじゃと両先生はおもむろに車から降りて見物に行かれる、という調子であった。

サンフランシスコで、九月から高級研究所に滞在するために日本から来た岩沢健吉

ヴェイユ教授

さんに会い、一緒にシカゴに行った。早速ヴェイユ先生にお目にかかり、先生の計らいで岩沢さんと私はシカゴ大学の数学教室の中にオフィスを与えられ、八月下旬までそこで勉強することになった。インターナショナル・ハウスという学生の宿舎に泊まった。

ヴェイユ先生も家族はフランスに行っていて一人で同じ宿舎に泊まっていたので、毎日何度も会った。昼食は大抵一緒で、その度に問題を出されて閉口した。ヴェイユ先生の頭のよいことは驚くばかりで、私が考えるようなことは、大抵先生が前に考えたことがあるという次第で手も足も出なかった。プリンストンにいたときの三倍くらい勉強した。岩沢さんも質問攻めにあい、こんなに勉強したのは生まれてはじめてだと言っていた。

ヴェイユ先生は散歩が好きで、岩沢さんと私はしばしば誘われて一緒に散歩に出た。

先生は歩くのが恐ろしく速く、ビューービューー走る車の間を縫ってハイウエーをサッと横切るという特技の持ち主であった。先に横切った先生がなかなか横切れないでうろうろしているわれわれを眺めてニヤニヤしておられたのを思い出す。先生は数キロは歩かないと気がすまないらしく、その上、歩きながら絶えず数学の話をされるので、散歩も楽ではなかった。

八月の末から九月のはじめにかけてハーバード大学で開催された国際数学者会議には、千七百名ほどの数学者が参加した。日本からは末綱先生、弥永先生、吉田耕作先生が来られた。この会議でフィールズ賞を受賞したのは、フランスのシュワルツとプリンストン高級研究所のセルベルグであった。

国際数学者会議が終わったあと、九月七日に多変数関数論の会議、八日に代数幾何の会議が催された。私は七日の会議で話をする予定になっていたが、代数幾何の大御所ザリスキー教授が八日の会議でも同じ話をしてほしいというので、結局、両方で話をした。代数幾何の会議はイタリア人が多く、会話がじきにフランス語やイタリア語になってしまうので、わからなくて困った。

ジョーンズ・ホプキンス大学のチャウ教授が九月から一年間ジョーンズ・ホプキンス大学に客員準教授としてきてほしいという。ワイル教授にお願いして半年も前から高級研究所にもう一年いることに決まっていたのに申しわけないと思ったが、チャウ教授があまりにも熱心なので、スイスに帰っていたワイル教授と手紙で相談して、遂に行くことに決めた。

# 家族再会

一九五〇年の十月のはじめに、ジョーンズ・ホプキンス大学があるボルチモア市に引っ越した。大学のキャンパスは小ぢんまりしていたが、ボルチモア市は大都会であった。英語で学生相手にうまく講義できるか、心配しないでもなかったが、教壇に立ってみると、別にどうということもなかった。ただ、質問がよくわからないのには困った。

一九五一年の六月半ばに、プリンストンの高級研究所に戻った。月末には家族が日本からやって来た。妻と二人の娘で、下の一歳になる娘は私がプリンストンへ来てから生まれた子供である。

研究所の横の広い芝生の上に六軒長屋がいくつも並んでいた。これが家族連れの短期所員のための宿舎であった。私達一家もその一軒に住んだ。不要になった炭鉱夫の

“マンキー・ハウス”の前で

おんぼろ宿舎を運んできたものだそうで、人々はマンキー・ハウス(猿の檻)と呼んでいた。一階はリビング・ルームとキチン、二階はベッド・ルームが二つあり、一階の真ん中に大きな石油ストーブがあった。東京の焼け跡のバラックの生活から脱出した家族は天国へでも来たように喜んだ。家内は牛肉の塊が買えるので大感激であった。長屋の敷地の芝生は広大な森に囲まれていて、野イチゴが実り、時々森の中から鹿が現われたりして、子供達は大喜びであった。

早速中古のピアノを買った。値段はわずか六十ドル！　半音下がっていて調律は不可能だと断られた代物であった。家内はシアーズ百貨店から通信販売で十ドルのバイオリンを買った。長屋の隣りに住んでいた気象学者フィリップスがホルンを、別の長屋にいた数学者レプソンがバスーンを、アレキサンダーがフルートを吹くので、皆で室内楽をしようということになって何回かうちに集まった。

何を弾いたかよく覚えていないが、ピアノが半音下がっているので困ったことは覚えている。ブラームスのピアノ、バイオリンとホルンのための三重奏はホルンが半音下げて弾いた。ベートーベンのホルン・ソナタは私が半音上げて弾いた。バッハの二つのバイオリンのための二短調のコンチェルトの第一バイオリンを家内が、第二バイオリンのパートをフィリップスがホルンで弾いたことがあった。鮮やかに弾いたフィリップスのホルンの腕前は相当なものであった。弾いているわれわれは実に楽しかったが、右隣りに住んでいた数学者キャディソンはさぞ迷惑したのではないかと思う。

高級研究所の裏庭の横にフォン・ノイマンの初代コンピューターのための別棟の研究室があった。フィリップスはここでコンピューターによる天気予報の研究をしていた。一度フィリップスの案内で、研究室へ見学に行ったことがあった。一万四千個(と記憶している)の真空管を使用してつくったコンピューター(次ページの写真。左

ノイマンの初代コンピューター

がフィリップス）は大きな部屋の半分を占めていた。当時、こういうコンピューターを作ってうまく働かせるのは大変な仕事であったらしいが、その性能は現在の市販のポケット・コンピューターに及ばない。見学に行ったのは今からおよそ三十五年前である。コンピューターの急速な進歩に驚くと同時に、ノイマンの先見の明に敬意を表するのである。

高級研究所は当時数学部 (School of Mathematics) と歴史部 (School of History) に分かれていた。私は歴史部の教授達と没交渉であったが、一度だけ歴史部の教授のパーティーに招ばれたことがあった。

ある日のアインシュタイン

主賓は戦後皇太子殿下の家庭教師として滞日されたヴァイニング夫人で、私達は日本人だというのでお相伴にあずかったらしい。集まったのは文科系の教授ばかりで、そのうちに源氏物語が話題になった。皆英訳か独訳で源氏物語を全巻読んで憶えていて、桐壺にはこういう話があった、夕顔にはああいう話があった、などと楽しげに話していた。源氏物語は文科系の教授達には常識であったらしく、読んだことがないのは私達夫婦だけであった。

高級研究所に一年いて一九五二年の九月に、スペンサーの世話でプリンストン大学に移った。プリンストン大学の数学教室の主任は有名なレフシェッツ教授であった。パーティーで家内がはじめてレフシェッツ教授にお目にかかったとき、教授は矯《た》めつ眇《すが》めつ私達夫婦を見比べて、家内に「あなたは御主人より背が高いね」と言われた。これが初対面の挨拶であった。高級研究所にはドイツから若い数学者ヒルツェブルッフが来た。

この頃、日本から当時学習院院長を務めておられた安倍能成氏がプリンストンに来られた。アインシュタインに会って平和問題について話をしたいと言われる。到底駄目だろうと思ったが、高級研究所の秘書を通して恐る恐る伺いを立てたところ、案外簡単に会えることになった。そこで安倍氏と通訳の日本人を連れてアインシュタインに会いに行き、一緒に話を聞いた。アインシュタインがどんな話をしたか憶えていないが、ただ、世界の平和について自分は非常に悲観的です、と言われたのが印象に残っている。

あとで知ったのであるが、アインシュタインは気さくな人で、私と家内が娘を連れて研究所の正面の左側の入り口の前に立っていたとき、たまたま通りかかったアインシュタインがわざわざ歩み寄って娘達に握手して下さった。

# 本の豆知識

## ●読書週間●

毎年10月27日から11月9日は『読書週間』です.

終戦まもない1947年，まだ戦火の傷痕が至るところに残っているなかで「読書の力によって，平和な文化国家を作ろう」という決意のもと，出版社，取次会社，書店と公共図書館が力を合わせ，さらに新聞・放送のマスコミ機関の協力のもとに，11月17日から第1回『読書週間』が開催されました．翌年の第2回から文化の日を中心にした2週間として定着し，現在に至ります.

2005年には，『読書週間』が始まる10月27日が「文字・活字文化の日」に制定されました.

公益社団法人 読書推進運動協議会
が定めた読書週間のマーク

誰でも「写真を撮らせて下さい」とお願いすれば簡単に応じて下さったらしい。前ページの写真は物理学者の南部陽一郎さんが写したものである。小林稔さんが写したときには、緊張のあまりカメラの操作を誤り、写真は失敗であった。

スペンサーの指導で層のゼミがはじまった。このゼミでカルタン・セミナールのノートを読んだのは、ぼろぼろの中古車を買って自分で修理をするという変わった趣味をもった若い学生で、ときどき修理が間に合わず遅刻した。層というものは何だか実体のない抽象的な変なものだ、というのが私の第一印象であった。層が有用であるとわかってきたのは一九五三年の春になってからである。

私はほとんど毎日スペンサーと昼食を共にして数学の話をしていたが、ある日の昼食のとき、層を使えば二種類の算術種数 $P_a$ と $p_a$ が一致するであろうというセヴェリの予想が極めて簡単に証明できることがわかった。この予想は一九四九年にセヴェリがイタリア学派の代数幾何について行った講演で、遠方に輝く星を引き合いに出してその解決の難しさを強調したものである。早速「代数多様体の算術種数について」と題する共著の論文を発表した。

これで層が代数幾何と複素多様体に極めて有効であることがわかったので、スペンサーと私はいろいろな問題に層を応用していくつも共著の論文を書いた。

ワイルの「リーマン面」の最も重要な定理はリーマン－ロッホの定理であろう。これを高次元の場合に拡張することが当時の複素多様体論の中心問題であった。この年の秋も深くなった頃、ヒルツェブルッフがこの中心問題を解いた。これで複素多様体の一般論は一段落という感じであった。

# フィールズ賞

数学では一八九七年以降、四年ごとに国際数学者会議が開催されることになっている。一回目はスイスのチューリヒで、二回目は一九〇〇年にフランスのパリで開催された。この会議で行われたヒルベルトの「数学の問題」と題する講演は有名である。この講演で、ヒルベルトは二十三の典型的な問題を挙げて、二十世紀の数学の目標を示したのである。

一九三二年のチューリヒで開催された国際数学者会議で、フィールズ賞という国際数学賞が制定された。フィールズ賞は国際数学者会議において毎回優れた業績を上げた若い数学者に激励の意味を込めて与えられる。第一回は一九三六年のオスロにおける会議でアルフォースとダグラスが受賞、第二回は前に述べたようにシュワルツとセルベルグが受賞した。

一九五四年の国際数学者会議は九月のはじめにオランダのアムステルダムで開催されることになっていた。怠けものの私はこの会議には参加しないつもりであった。そうしたらワイル教授からスペンサーを通して、私が今回のフィールズ賞受賞者の一人に選ばれたと伝言があった。ワイル教授は今回のフィールズ賞選考委員会の委員長であった。

どういうわけか、受賞者の名前は授賞式の日まで絶対秘密ということになっていた。もう一人の受賞者がセールであることを知ったのがいつであったか覚えていない。

九月二日から始まる国際数学者会議に参加するために、私たち夫婦は八月半ばにニューヨークを発った。ついでにヨーロッパを見物しようというわけである。まずイタリアに行き、ローマ、ナポリ、カプリ島、ポンペイを見物した。当時、ローマでも自動車は極めて少なく、広々とした街をモーターバイクが走り回っていた。カプリ島の断崖の上のホテルのテラスで、はるか下の紺碧の海を見下ろしながら食べた朝食が素晴らしかった。

つぎにスイスに行き、ローザンヌでド・ラームに会って一緒にレマン湖畔を散歩し、シオンの城を見物した。例年はアルプスがよく見えるのに今年は雲が多くてだめだ、原爆実験のせいに違いない、と彼が言っていた。ド・ラームは山登りの大家でもあった。彼の家に行って山の雑誌を見せて貰ったが、その編集者の一人がド・ラームであった。夜はレストランで夕食をご馳走になった。チューリヒでは、ワイル教授のお宅に招ばれて昼食をご馳走になった。そのとき、ワイル夫人とそのお嬢さんにお目にかかった。お嬢さんはアメリカのエール大学で音楽を勉強していると言っていた。

アムステルダムに着いた日、会場へ行く途中で道に迷ってしまった。家内がそばの八百屋で聞いたら、八百屋の若い人が英語で道を教えてくれた。プリンストンで買った旅行案内に、アムステルダムでは犬でも英語が通じるから心配するな、と書いてあったが、その通りであった。会場で会議のセクレタリーのコクスマ教授に会って、いろいろ説明をして貰った。

フィールズ賞の授賞式は、国際数学者会議の開会式の行事の一つであった。会場には千五百人ほどの数学者が集まっていた。弥永先生、吉田耕作先生等、日本から来た数学者も何人か出席しておられた。会場に入って手紙で指示された通り最前列に坐っ

フィールズ賞会場．最前列に座る著者(左から３人目)．

ワイル教授からメダルを受ける著者

授賞式でのセール，著者，ワイル教授

著者とセールの業績を説明するワイル教授

ていると、妙な小さな東洋人が間違えて前に坐っていると思われたらしく、係員が私の所へ来て、ここは特別席だから後ろの方へ移って下さい、と囁いたが、指示の手紙を見せたら納得して戻っていった。

議長のスカウテン教授の開会の辞のあと、ファニア・シャピロ夫人のピアノの演奏があった。曲目はショパンの即興曲、ノクターンとスケルッツォ。つぎが授賞式で、今回のフィールズ賞選考委員長のワイル教授からセールと私がそれぞれ金メダルと千五百ドルの賞金をいただいた。続いてワイル教授が一時間余りにわたって私達受賞者の業績を詳しく説明された。そのあともう一度ピアノの演奏があって、国際数学連合のセクレタリーのボンピアニの短いスピーチがあり、それで開会式はおしまいであった。

# 国際数学者会議

開会式のあと、午後三時から「数学の未解決の問題」と題するコンピューターの元祖フォン・ノイマンの講演があった。有名なヒルベルトの「数学の問題」の向こうを張る名講演であろうと期待して聴きに行ったら、ヒルベルト空間に関する問題をいくつか述べただけであった。これには皆がっかりした。ヒルベルト空間は数学の一つの小さな分野にすぎない。ノイマンともあろう人が何故こんなつまらない講演をしたのか、不可解であった。

フィールズ賞の受賞者として講演をさせられたら大変だと心配していたが、それはなかった。受賞者の名前が秘密だから、受賞講演というようなものをプログラムに組み込むことが出来なかったのであろう。私はプログラム通り、三日目の十二時半から一時まで「代数幾何の超越的理論のいくつかの結果について」と題する講演をした。

セヴェリ教授とその姪

セールの「コホモロジーと代数幾何」と題する講演は二日目の四時四十分から五時十分までであった。

イタリアの代数幾何の大御所セヴェリが彼の姪と称する女性を連れて来ていた。セヴェリは前にイタリアから文化使節として日本へ来て、東京大学の階段教室で数回連続講演をしたことがあった。そのとき、私は数学科の学生で、講演は聴いたが、その内容は全然覚えていない。覚えているのは私の前の席に坐っておられた中川先生の見事な禿頭の形だけである。しかし、私がその講演を聴いていたというので、セ

フィールズ賞受賞後，女王(前列右から２人目)を囲んで
(前列右端が著者)

ヴェリは「小平は私の生徒である」と言っていた。これには驚いた。

九月八日に、ワイル、セヴェリ、ホッジ、ノイマン等の大数学者十数名と私達受賞者はオランダの女王にお茶に招かれた。場所はアムステルダムの郊外にある離宮の庭で、綺麗な砂利を敷きつめた広い庭の一隅に椅子やテーブルが並べてあった。うっかり煙草を吸いはじめたセールが「この吸い殻をどうしよう」と言う。「砂利の中に埋めたらいいだろう」と言ったら、「猫みたいに？」と笑った。

映画「ローマの休日」のオードリー・ヘップバーンが演じた女王を想像して行ったら、本物の女王は普通の中年のご婦人であった。女王がセールに「ふだんは何をしているの?」と聞かれた。セールが「ふだんは教えています」と答えると、今度は私に「あなたは何をしているの?」と聞かれた。「私も教えています」と言うと、女王はつまらなそうな顔をしておられた。お茶のあとで女王を真ん中にして写真を撮った。

代数幾何のシンポジウムが何回かあった。その一つでセグレが、「今日ここで論じている問題の方がノイマンの問題よりもよほど重要である」といって喝采を博した。

三日の夜、コンセルトヘボウで音楽会があった。音響効果のよさには感心した。曲目はバッハの第二組曲、モーツァルトのへ長調のピアノ協奏曲、ドビュッシイの海等。ロビーでワイル教授に会ったら、ピアノがちょっと華麗過ぎる、と言っておられた。

最終日の夜の晩餐会では、スピーチが延々と夜半の十二時まで続いた。ソ連のアレキサンドロフがまずロシア語でスピーチをして、つぎに同じことをドイツ語で繰り返したのが奇異であった。ソ連は怖い国であるから、ドイツ語だけでは後で叱られるのであろうと想像した。

左から弥永昌吉先生，著者夫人，著者．

国際会議のあと、弥永先生と一緒にパリに行った。先生は自分の故郷に戻ったように嬉しそうであった。先生の親友のシュヴァレーの案内でパリを見物した。レストランでシュヴァレーにお昼をご馳走になった。珍しいものを食べようと思って牛の脳味噌を注文したが、油を混ぜた豆腐のような味で、特においしいとは思わなかった。

パリに三日泊まって、つぎにロンドンに行った。ホテルの食器は立派であったが料理はまずかった。翌日、電車に乗ってケンブリッジに行き、ホッジ先生の案内でケンブリッジ大学を見学した。ここ

ホッジ教授と(ケンブリッジ大学にて)

は昔ニュートンがこういう実験をした所である、という説明を聞いてなるほど由緒ある大学だと感心した。クラブでホッジ夫人と先生にそっくりのお嬢さんにお目にかかってお茶をご馳走になった。クラブの向こう側にはダーウィンの家があった。

夫人が私の家内につくづくと「数学者というものは変わっていますわね！(Aren't mathematicians odd?)」と言われた。立派なイングリッシュ・ジェントルマンのホッジ先生が変わっているならば、私はどういうことになるのか、心配になった。

九月の中旬にプリンストンに戻った。ニューヨークの空港に着いて市内行きのバスに乗ったとき、何となくホッとしたのを憶えている。

翌一九五五年の四月十七日(日曜日)の夜半に、アインシュタインがプリンストン病院で亡くなった。もしもこれが日本であったならば盛大な研究所葬が行われるところであるが、そういうことはいっさいなかった。研究所のお茶の時間に、「この前の日曜日にアインシュタインが亡くなったそうですね」、「ああ、そうですか」というような会話が交わされただけであった。

最近出版されたアインシュタインの伝記(A. Pais, "Subtle is the Lord ......" The Science and the Life of Albert Einstein, Oxford Univ. Press, 1982, 西島和彦監訳『神は老獪にして…――アインシュタインの人と学問』産業図書)によると、アインシュタインが亡くなったのは正確には四月十八日午前一時十五分で、死因は動脈瘤の破裂であった。遺体はその日の午後火葬場に運ばれ、そこにアインシュタインと親しかった十二名の人が集まり、その一人がゲーテの詩の一節を暗誦した。遺体はそのあとすぐ荼毘《だび》に付され、その灰はある場所に撒かれたが、その場所がどこであるかは明らかにされていない、という。

# 発見の心理

その年の九月に私はプリンストン大学の教授になった。教授といっても一人前の教授ではなく、教授の位をもつ研究嘱託であった。同時に、高級研究所の所員になった。研究所の方は五年の契約であった。秋学期は大学で週三時間講義をする。春学期は研究所の所員で義務なし。大学の講義も大学院の上級生のためで、内容は何でもよい、ということであった。私はいつもそのとき私が研究しているテーマについて講義した。東京大学の方は一九五一年に物理学科の助教授から数学科の教授に昇任していたが、この年の四月に辞表を提出して辞任した。

この頃から私は楕円曲面の研究をはじめた。複素多様体の一般論を応用して楕円曲面の構造を詳しく調べていくのは実に楽しかった。古典的な楕円関数論が不思議なほどうまく使えて、研究は何の困難もなく着々と進行した。こういうときの実感は夏目

漱石の『夢十夜』のなかの運慶が仁王を刻む話によくあらわれていると思う。話の一部を引用すると、

運慶は今太い眉を一寸の高さに横へ彫り抜いて、鑿《のみ》の歯を竪《たて》に返すや否や斜《は》すに、上から槌を打ち下した。堅い木を一と刻みに削つて、厚い木屑が槌の声に応じて飛んだと思つたら、小鼻のおつ開いた怒り鼻の側面が忽ち浮き上がつて来た。其刀《たち》の入れ方が如何にも無遠慮であつた。さうして少しも疑念を挟《さしはさ》んで居らん様に見えた。

「能くあゝ無造作に鑿を使つて、思ふ様な眉や鼻が出来るものだな」と自分はあんまり感心したから独言の様に言つた。するとさつきの若い男が

「なに、あれは眉や鼻を鑿で作るんぢやない。あの通りの眉や鼻が木の中に埋つてゐるのを鑿と槌の力で掘り出す迄だ。丸で土の中から石を掘り出す様なものだから決して間違ふ筈はない」と云つた。

私の楕円曲面論は実は私が考え出したのではなく、数学という木の中に埋まっていた楕円曲面論を私が紙と鉛筆の力で掘り出したにすぎない、というのが私の実感であった。

こういう実感については前に『数学のすすめ』(筑摩書房、一九六五年)に書いたが、昭和六十一年の正月の日本経済新聞紙上に福井謙一さんが同様な感想を書いておられるのを拝見した。発見の心理は学問の分野によらないものらしい。

一九五六年の秋から、スペンサーと共同で複素構造の変形の研究をはじめた。まず複素多様体の

スペンサー教授，1959 年

手近な例を調べて、そのモジュライ数に関する法則を帰納的に導き、つぎにこの法則を作業仮説として多くの具体例を調べながら変形の理論を展開して行った。その過程が実に面白かった。毎日スペンサーに会って町のレストランで昼食を食べ、それから

大学へ戻って変形理論についてディスカッションをした。具体例を調べることは物理学における実験に相当する。変形理論ははじめは実験科学であった。

ドナルド・C・スペンサーは一九一二年にコロラド州のボールダーで生まれたアメリカ人で、ロッキーの登山で鍛えた体は頑健そのもので、背が高く、体重は百キロを超えていた。MITを卒業した後イギリスへ渡り、ケンブリッジ大学でリトルウッドについてディオファンタス近似を研究して博士の学位をとった。プリンストンへ来る前はスタンフォード大学で関数論を研究していた。プリンストンに来てからは複素多様体論に転じ、たちまちその方面の大家になった。

スペンサーが私に語ったところによれば、プリンストンに来てはじめて調和テンソル場なるものがあることを知り、そこに何か重要なものがあると思い、学生になったつもりで猛勉強したという。スペンサーにはこのような先見の明があった。層のゼミをしようと言い出したのもスペンサーである。スペンサーは善意と熱意にあふれた人で、その熱意が周りの人々に「伝染」して、自然に熱心な研究グループができた。一九五〇年代にプリンストンで複素多様体論が急速に発展した原動力はスペンサーの熱意であったと思う。

# 音楽ざんまい

一九五六年の夏、ローンで家を買った。れんが造りで建坪八十坪、敷地二百坪くらいの家であった。値段はわずか一万八千ドルであった。

私の長女のピアノの先生のミス・マックリーンはあるキリスト教系の音楽学校の先生をしていたが、ビールを飲み過ぎて首になったという愉快なお婆さんで、当時八十歳を超していた。非常に音楽のセンスのある人で、有名なピアニスト、カサドシュ一家と親しく、カサドシュの娘にもピアノを教えていた。この先生の世話で、ある金持ちのお爺さんからわずか八百ドルでスタインウェイのミドル・グランド・ピアノを買った。

ミス・マックリーンはしばしばうちに遊びに来て、私とピアノの連弾をした。お陰で、初見で難しい所を適当に簡略化して弾くことを覚えた。一度彼女のスタジオに行

家族と音楽を楽しむ

って、二台のピアノのためのミローのスカラムッシュという曲を弾いたことがあった。私にスカラムッシュが初見で弾けるはずはないのであるが、彼女と一緒に弾くと、それが(適当に簡略化して)弾けてしまうのが不思議であった。彼女には人を引っ張っていく不思議な力があった。

次女のバイオリンの先生のコヴァッチも時々うちに遊びに来た。コヴァッチとミス・マックリーンがベートーベンのバイオリン・ソナタを弾いたのを、テープに録音したことがあった。弾いているときには、ミス・マックリーンは随分音を抜かしているように見えたが、後でテープを聴くと実に立派に聞こえた。肝心な所を全部押さえていたのであろうが、それにしても不思議であった。

プリンストン・シンフォニーというプリンストンの町のオーケストラがあった。コヴァッチがコンサート・マスター、指揮者はハシャーニというハンガリー人で、高級研究所のホイットニー教授、文房具屋の主人など、町に住んでいるいろいろな人がメンバーであった。私の家内も第二バイオリンの末席を汚していた。文房具屋の主人はバイオリニストになろうと思ったが、バイオリンでは生活できないので文房具屋をしているという人で、玄人であった。

このシンフォニーが年に数回入場券を売って演奏会を開いた。そのときはニューヨーク・フィルのメンバーを数人よんできて要所に据えるので立派に聞こえた。プログラムは素人のメンバーにも技術的に無理でない曲を選んでうまく組んであった。ブラームスの交響曲のような大曲は演奏しなかった。無理して大曲を演奏しても聴衆を退屈させるだけという結果になるからであろう。この点、日本のアマチュア・オーケストラとは考え方が違うようであった。一番印象に残っているのはR・シュトラウスの「薔薇《ばら》の騎士」のワルツである。演奏は素晴らしかった。一流のオーケストラのように聞こえた。指揮者ハシャーニのハンガリー人の血統のいたすところであろう、実にシュマルツィヒな(ねっとりとした)演奏で感心した。

「薔薇の騎士」の最後の数小節の速いパッセージは家内のような素人には無理であった。リハーサルのときハシャーニは第二バイオリンのうしろの方に坐っている素人のメンバーに「お願いだからここは弾く真似だけして音は出さないように」と指示したという。なるほど、バイオリン・セクションのうしろの方を注意して見る聴衆はいないから、これでよいわけである。しかしこの話を家内から聞いて、うしろの方ばかり見ていた私には音を出していないことがよくわかった。

プリンストン大学には音楽部という学部があって音楽理論と作曲を教え、また『パースペクティブ・オブ・ニュー・ミュージック』という音楽理論の雑誌を出していた。一度その音楽部の学生が作曲した作品の演奏会を聴きに行ったことがあった。演奏したのは少人数のチェンバー・オーケストラ。音が鳴っている時間よりも鳴らない時間の方が長いという不可思議な現代音楽で、私にはサッパリわからなかった。チェンバー・オーケストラのメンバーの一人が私の知っている日本人のバイオリニストであった。休憩のときに彼に聞いたら、「わかりませんねー」と言っていた。演奏している人にわからない音楽が聴いている人にわかるわけがない。数学のフォックス教授はピアニストとしても専門家の域に達していた。そのフォックス教授が私の隣りに坐っていたので、この音楽は一体何ですか、と聞いたら、先生いわく「これは禅の影響であって無音の音を聴くべきものである」。

プリンストンは人口一万余の小さな大学町であったが、小さな劇場があって、そこでしばしば音楽会があった。独奏ではゼルキン、スターン、セゴビア、マイラ・ヘス、ホルソウスキー、弦楽四重奏ではブダペスト、ジュリアード、オーケストラではフィラデルフィア・シンフォニー等を聴いた。簡単に入場券が買えたので、いつも前から三列目か四列目の席で聴いた。

スターンがバッハのシャコンヌを弾いたとき、演奏中弓の毛が三本切れて垂れ下がっているのが見え、演奏が終わってお辞儀をしているとき、小さい声で「サンキュー、サンキュー」と言っているのが聞こえた。フィラデルフィア・シンフォニーがラヴェルのヴァルスを演奏したときには、三列目では音が大き過ぎて何だかよくわからなかった。

# 文化勲章

一九五七年の春、高木貞治先生から「学士院賞をもらっていただきたく、ついては論文の別刷をお送りいただきたく……」という手紙をいただいた。しかし、何月何日に授賞式に出席せよという通知は来なかった。通知は東京の留守宅の母の所で止まってしまったらしい。授賞式には母が代わりに出席したと後で聞いた。

同じ年の秋に、文化勲章の受章者に選ばれたというニュースを新聞社から聞いた。このときも授章式に出席せよという正式な通知は来なかった。後でわかったのであるが、正式な通知が届いた東京の留守宅では、両親が大喜びして友人を招いてお祝いの会をしたという。このときも母は代理で出席したかったらしいが、文化勲章の授章式は代理人は許されず、勲章はあとで宮内庁の役人が留守宅に届けてくれたという。

ある日、談話会のあと大勢でプリンストンの郊外のレストランに夕食に出かけた。

長方形のテーブルの周りに二十数名の数学者が坐っていた。スペンサーと私は並んで坐って数学の話をしていた。そうしたら私達の向かい側にいたプリンストン大学の長老の一人フェラー教授が、「あの二人は滅多に会わないので、会ったらもう数学の話をしている」と皮肉った。スペンサーがびっくりして「私達がそんなに注目されているとは知らなかった」と言うと、左の端にいた高級研究所のボレル教授が「ジェラシー、ジェラシー、もう一つ論文ができるからね」と言った。これには驚いた。私達が大学の長老教授達に妬《ねた》まれているとは知らなかった。

アメリカの大学では、教室の主任が大きな権限をもっていて、教官の月給の額を定めるのも主任の仕事である。レフシェッツ教授はもう引退し、プリンストン大学の数学教室の主任はタッカー教授に代わっていた。

その頃、高級研究所に滞在していたブランダイス大学教授の松阪輝久さんのアパートに遊びに行ったとき、月給が話題になった。私の月給の額を聞いて、松阪さんが「先生、たったそれだけしかもらっていないんですか、プリンストン大学というのはひどい所ですね」と言った。どうも私は、レフシェッツ教授が引退した後、プリンストン大学の長老の教授達に嫌われているらしいと気付いた。

私はザリスキー教授に招ばれて六一年の秋から一年間ハーバード大学に行くことになっていた。ハーバード大学はボストンの隣りのケンブリッジという町にある。私達は六一年九月にケンブリッジに移った。

ケンブリッジに着いた翌日、家内と一緒に近所のスーパーに買い物に行ったら、頭をツルツルに剃り、ショート・パンツをはいて毛脛を出した比叡山の荒法師のような男がいた。その男が有名な数学者グロタンディックであった。

新学期がはじまった。グロタンディックの講義を聴いたが、さっぱりわからなかった。仕方がないのでノートにいたずら書きをしていたら、隣りにいたボットが覗いて、どうせそんなことだろうと思った、と言った。

ザリスキー教授と令嬢

隔週にザリスキー教授の家で男だけのパーティ

ボルチモアで住んだれんが造りの家

ーがあった。広中、グロタンディック、テイト、マンフォード、M・アルティン、私、等がこのパーティーの常連であった。夜の九時頃から十二時過ぎまで、お酒を飲みながら数学の話を続けたのには驚いた。数学以外の話はほとんど出なかった。

冬休みに広中さんが多年の懸案であった代数多様体の特異点解消の問題を解決した。

翌六二年になって、ジョーンズ・ホプキンス大学の数学教室の主任のチャウ教授から年俸一万八千ドルで来てほしい、という話があった。これに対してプリンストン大学の数学教室では、さらに高給を出して私を引き止めようか、という相談があったが、結局、引き止めることにならなかったらしい。スペンサーと電話で相談した結果、私はジョーンズ・ホプキンス大学に移ることにした。スペンサーはプリンストン大学が私を引き止めなかったことにひどく憤慨して辞意を表し、一年後にスタンフォード大学に移ることになった。

夏に一度プリンストンに戻って、九月にジョーンズ・ホプキンス大学があるボルチモアに引っ越した。しばらくアパートに住んで売り家を見て歩いた。ボルチモアは南部的な雰囲気のある町で、住宅地も白人の地域、ユダヤ人の地域、黒人の地域と分かれていた。白人の地域と黒人の地域の間に城壁があるのには驚いた。私は大学に近い白人の地域にあった家を買った。敷地三百坪、建坪百坪のれんが造りの家で値段は三万ドルであった。アメリカの家の値段は主に建物の値段で、土地の値段はほとんど数に入らない。日本とは逆であった。近くに部屋が三十あるお城のような家が七万ドルで売りに出ていたが、いつまでも売れなかった。

# 娘の音楽

一九六一年の秋から二年の夏にかけてケンブリッジに滞在中、長女の康子はジュリアス・シャロフにピアノを、次女のマリ子はウルフィンソンにバイオリンを習った。シャロフ先生は、その演奏がアンピコという会社が出した『ピアノ名人の黄金時代』というレコード集にレヴィーン、ゴドウスキー等の演奏と並んで入っているから、よほどの名人であったのであろう。非常に熱心な先生で一時間のレッスンが三時間にも及び、ピアノだけでなく和声学まで教えて下さった。

康子はシャロフ先生にデッド・ウェイトのテクニックを徹底的に仕込まれた。自分ができないから私にはよくわからないが、手に全然力を入れないでピアノを弾くテクニックらしい。娘が弾いていると、先生が背後から娘の腕を下から叩く。そのとき腕がポーンと上がればよし、上がらなければ力が入っているから駄目だ、というのである。不思議なことに、デッド・ウェイトになるに従ってピアノの音が大きく鋭くなり、しまいには私と連弾をしてもこちらの音が聞こえないほどになった。

力を抜くほど音が大きくなるというのは物理的に考えれば変な話で、娘の指の先が豆ができたように固くなったところを見ても、瞬間的には強い力が入っていたのであろう。

娘がラフマニノフのト短調の前奏曲を習っていたとき、ある日のレッスンでシャロフ先生がもう一台のピアノで一緒に弾いた。一人で弾いても大きな音がする曲を二人で弾いたからたまらない。物凄い大きな音がして、その振動でスタジオの天井の一部が落ちたという。もともと古い建物で天井が落ちそうになっていたのであろうが、それにしてもよほど大きな音がしたに違いない。

日本にクロイッツァーというピアニストがいた、と言うと、シャロフ先生は「クロイッツァーはベルリンでよく知っていたが、彼はコンダクターでピアニストではない。自分がピアノ協奏曲を弾いたときには、オーケストラの指揮はいつもクロイッツァーに頼んだ」と言われた。日本ではクロイッツァーはピアニストだった、と何度言っても、「いや、彼はコンダクターでピアニストではない」と頑として譲らなかったのは不可解であった。

ウルフィンソンご夫妻がうちに夕食に見えたとき、レヴィーンがシュルツ・エブラーのブルー・ダニューブ・ワルツによるコンサート・アラベスク等を弾いているレコードをかけた。聴き終わったウルフィンソン先生は「素晴らしいピアニストだ。だけどどこが」と自分の頭を指して、「レヴィーンと一緒にベートーベンのバイオリン・ソナタを弾くとどうも」と言われた。レヴィーンはピアノは上手だけれど、頭が悪いから一緒にベートーベンのソナタを弾くとつまらなかった、ということらしい。上手とか下手とかいっても次元の違う話だと感心した。

年に五回ボストン・シンフォニーがハーバード大学へ出張して、大学の教官とその家族達のために演奏会を開いた。大学でボストン・シンフォニーが聴けるとは、さすがハーバードだと感心した。この演奏会は毎回聴いた。

ボストンのシンフォニー・ホールでグレン・グールドのピアノ協奏曲の演奏を聴いた。曲目はバッハのチェンバロ協奏曲とR・シュトラウスのバレスク。ピアノの上に水差しとコップが置いてあり、譜面台ははずしてあったが、楽譜が置いてあった。グールドは演奏中ピアノ・パートが閑になるとコップに水を注いで飲んだり、オーケストラに向かって指揮する真似をしたり、楽譜をめくって眺めたりしてみせたが、肝心のピアノの音は小さかった。バッハはともかく、シュトラウスのバレスクは音量不足で迫力に欠けていた。グールドが後に演奏会で弾かなくなった理由の一つは音が小さかったことではなかったかと思う。

ウルフィンソン先生はいつも「エルマンを聴かなければ」と言っておられた。エルマン・トーンで有名な名人エルマンである。そのエルマンがボストンで演奏会を開いたので、家中で聴きに行った。名人芸というものはこういうものかと感心した。そのときエルマンは七十歳であった。

ウルフィンソン先生はエルマンと懇意で、マリ子を楽屋に連れて行ってエルマンに紹介して下さった。エルマンと握手したマリ子は大感激で、「今夜は手を洗わないわ」と言った。

日本でクラシックの音楽会に行くと、聴衆は大部分が若い人で、シーンと静まり返って聴いている。うっかり咳でもしたら叱られそうな雰囲気である。講義のときには騒々しい大学生が音楽会に行くと静かになるのはどういうわけか、不思議であるが、アメリカでは音楽会の聴衆は中年のご婦人が多く、結構騒々しかった。確かゼルキンがシンフォニー・ホールでショパンの二十四の前奏曲を弾いたとき、一つの前奏曲が終わるとご婦人方のおしゃべりがはじまり、つぎの前奏曲がはじまってしばらくすると静かになるが、そのときには前奏曲はもう半分済んでいる。結局、二十四の前奏曲の半分ずつはよく聴こえなかった。ルビンシュタインの独奏会では、私の隣りの席のご婦人が大きな金属の輪を三つも吊した腕輪をつけていて、手を動かす度にチャラチャラ大きな音がして気に障ること夥しい。しかしアメリカの聴衆はこんなことは平気らしく、誰も文句を言わなかった。

六二年秋から三年間滞在したボルチモアでは、娘達はピーボディー音楽院の特別学生となり、康子はミエツィスロウ・ムンツにピアノを、マリ子はウィリアム・クロールにバイオリンを習った。

先年出版されたルビンシュタインの自伝によると、ムンツはポーランド生まれのピ

クロール・クヮルテット．左端がクロール先生．

アニストで完璧なテクニックをもち、一九二六年頃ニューヨークに着くと、たちまち大成功を博したという。後にリューマチのためにコンサート・ピアニストとしてのキャリアを諦めて、後進の教育に専念された。ムンツ先生も、ときどきピアノを弾いている娘の腕を下から叩いてデッド・ウェイトかどうかをチェックされた。

クロール先生はクロール・クヮルテットの創始者で、その第一バイオリン奏者であった。クロール先生のレッスンでは、マリ子はエチュードまで全部暗譜していかなければならなかった。そうすれば先生がマリ子の弾くエチュードにダブル・ストップ(二重音)で美しい伴奏をつけて下さる。暗譜していないと、「ゴー・ホーム」

と言われてレッスンは五分でおしまいになった。先生は愛器ストラドバリゥスでどんな曲でもいくらでも弾いて下さった。それが実に美しく完璧であった。

クロール先生は作曲もされた。ハイフェッツが弾いたアンコール・ピース「バンジョーとフィドル」は先生の作品である。

アメリカではピアノやバイオリンを習う子供は滅多にいない。だから私の娘達でも安い月謝でこういう名人に習うことができたのである。日本ではよその子供がピアノを習うからうちの子も、という調子で大勢の子供が習いたがる。その結果、音楽学校さえ卒業すれば、誰でもピアノの先生になれて威張って高い月謝をとって豊かに暮らせるのは近頃の日本に特有な異常現象であろう。

後に私がスタンフォード大学で教えていたとき、数学科に本職は作曲兼ピアニストであるという学生がいた。音楽では暮らせないので数学の先生になって暮らしを立てる、と言っていた。彼の作品がカーネギー・ホールで演奏されたというから、相当な音楽家であったのであろう。日本ならば左団扇《ひだりうちわ》で暮らせるのに、と気の毒に思った。

# 入試委員

一九六二年の九月から三年間勤めたジョーンズ・ホプキンス大学では、大学院の一年生のための関数論の講義を週三時間、大学院の上級生のための講義を週三時間受け持った。アメリカの一時間の講義は本当に正味一時間で、夏休み以外には休みはほとんどないから、一年を通算すると、アメリカの一つの講義は日本の大学の講義の三つ分に相当した。その代わり会議も雑用もほとんどなかった。

一学期の関数論の試験の成績があまりにも悪かったので、二学期から週三時間の講義のうち一時間を演習に変えて学生に問題を解かせることにした。数週間経って一人の学生が私のオフィスに来て、演習のときうまく思い付かないと解けない問題を出すのは公平(fair)でない、と文句を言った。これには呆れたが、ちょっと考えて、君はコンピューターではないだろう、と答えておいた。しばらくして私に会いに来た男が

ＦＢＩの身分証明書を見せて、その学生についていろいろ質問をした。どうしたのかと思ったら、学生は数学を諦めて平和部隊(peace corps)を志願したのであった。

数学教室の教授全員が集まって会議を開くのは、準教授の人事のような重要問題があるときだけであった。雑用としては、学位論文審査委員を年に数回、大学院の資格試験委員を年に数回やらされた。

一度大学院の入学者選考委員をしたことがある。委員は井草準一さんと私の二人だけ、選考の資料は願書、推薦状などの書類と顔の写真だけであった。三時間ほどかけて二人で書類に目を通し、写真を眺めて十数人の合格者を選んだが、筆記試験も面接もなかったから頼りないことおびただしい。しかし、これが最終決定で、それを教室に持ち帰って皆で再検討するということはしなかった。

選考がこういう調子で、実際どんな学生が入って来るかわからない。そこで入学してから二—三年の間に資格試験が行われた。時期は不定で、学生が希望すればいつでも試験することになっていた。試験は口頭試問で、学生は一人、試験委員は五人、二—三時間にわたって数学全般について試問する。終わると学生に部屋の外で待ってもらって、委員が相談して合否を決め、合ならば学生に「おめでとう」と言い、否ならば「君は明日からはもう大学に来なくてよい」と言い渡す。つまり、その場で退学処分にするわけである。

私が委員の一人であった資格試験で、一度学生を退学処分にしたことがあった。その学生は奇妙な記憶力の持ち主で、口頭試問のとき、何を質問してもそのことはどの本の何ページに書いてあるということまでは答えるが、どういうことが書いてあったかは思い出せない。段々質問のレベルを下げていって、しまいに$n$次方程式の根は高々$n$個しかないことの証明を訊いたが、それも答えられない。いやしくも数学の大学院の学生がこんな初等的な質問に答えることができないのでは話にならない。試験委員全員一致で退学処分に決め、学生にその旨言い渡した。彼は私のオフィスに挨拶に来て、「大数学者ワイヤストラスも試験に落ちたというから自分は失望しない」と言って帰って行った。彼は自分が数学がわかっていないことが全然わかっていないのであった。

学位論文審査も同様な口頭試問で、学生は一人、審査委員は五人で、試問が終わると学生に室外で待ってもらって合否を決めて学生に言い渡す。日本では審査が終わってから審査要旨なるものを作成し、それを理学部全体の委員会または教授会で説明して合否の最終決定をする。アメリカでは審査委員に全権をゆだねてしまうのであるが、日本ではそうはいかないらしい。だから会議が多いのであろう。

政府から支給される研究費に対する考え方も、アメリカの方が日本よりもずっと自由であった。アメリカの大学の年俸は教えるという仕事に対する報酬であるから、教えている期間九カ月分の月給で、夏休みの三カ月分は別に研究費から支払われた。したがって、大学の年俸一万八千ドルといえば実際の年収は二万四千ドルになった。つまり、政府から支給された研究費を自分を雇う人件費に使えたのである。

一九六四年の七月に、ボストンの北のウッズホールで開催された代数幾何の研究集会に参加した。期間は三週間、五十人ほどの数学者が集まった。この頃が研究費の面ではアメリカの数学の全盛時代で、この研究集会のために百万ドル使ったと聞いた。ウッズホールは有名な避暑地で、貸別荘の家賃は月六百―千ドルと高かったが、潤沢な研究費に恵まれていたので、家族連れで避暑を兼ねてウッズホールで研究集会をしようということになったらしい。この研究集会で私は曲面の分類の理論について話をした。

スペンサーは一年前からスタンフォード大学に移っていた。私達一家は八月はスペンサーの世話でスタンフォードで過ごし、九月にボルチモアに帰った。

十月のはじめに、スタンフォード大学の数学教室の主任のギルバークから、翌六五年の夏からスタンフォードに来てほしいという手紙が来た。ジョーンズ・ホプキンス大学でいろいろ世話になったチャウには申しわけないと思ったが、私はすぐにスタンフォードに行く決心をした。どうしてもスペンサーのいるスタンフォードに行きたかったのである。

十月半ばに、新しくプリンストン大学の数学教室の主任となったミルナーがわざわざボルチモアまで私に会いに来た。ミルナーは微分位相幾何という新しい分野をはじめた天才的な数学者で、当時三十四歳、三年前の三十一歳のときストックホルムで開催された国際数学者会議でフィールズ賞を受賞している。

プリンストンの数学教室は前の主任タッカーが優柔不断なため、にっちもさっちも行かなくなり、代わって若いミルナーが主任になったのである。そのミルナーに「あの時はあなたを引き止めるためにもっと頑張るべきであったのに頑張らないで申しわけなかった。もう一度プリンストンに帰ってくれないか。せめて一年でも様子を見に来てくれないか」と頼まれたが、私のスタンフォードへ行く決心は決まっていたので、この話は後から手紙で断った。

# 帰国

一九六五年の夏のはじめにスタンフォード大学に移った。スタンフォードという町があって、その町全体がスタンフォード大学であった。したがって警察、郵便局、銀行、デパート等、普通の町にあるものは全部大学の構内にあった。ただし、スタンフォードの遺言により、酒屋はなかった。また構内に教授のための住宅地があって、そこに家を建てたいといえば建築費の九割まで大学が貸してくれることになっていた。町全体が大学であるから広いのは当然であるが、正門から数学教室まで一キロ半あり、長さ約三キロの線型加速器が構内に建設中であった。私達は隣りのパロ・アルトという町にある借家に住んだ。

気候が素晴らしかった。夏は涼しく、冬は暖かく、一年中レモンが実り、真冬に庭にシクラメンが咲いていた。そして、小さな蜂鳥がホクシャの蜜を吸いにきた。冬は雨季、夏は乾季で五月から十月まで毎日一点の雲もない晴天が続いた。

この六月に高校を卒業した長女の康子はバークレーのカリフォルニア大学と日本の国際基督教大学に願書を出し、両方から入学許可の通知を受け取ったが、「私は日本人だから日本を見てくる」と言って国際基督教大学に入学することに決め、八月のはじめに日本に渡った。

ジョーンズ・ホプキンス大学で私が指導していた大学院生キャスとウェブリックは私と一緒にスタンフォード大学に移った。スタンフォード大学では、もう一人モロウという学生が私について勉強したいというので、私が指導する大学院生は三人になった。

アメリカの大学では、指導教官は学生に学位論文の種になる適当な問題を与えてそれを解く手伝いをしなければならない。問題は易しくても難しくても駄目で、真面目に研究すると二—三年でちょうどうまく解ける程度のものでなければならない。日本人のI教授が「そんなうまい問題があれば自分が解いて論文を書きますよ」と嘆いたと聞いたが、実際、大学院生のための問題を探すのには苦労した。幸いにして、キャスもウェブリックもモロウも私が出した問題をうまく解いて博士の学位をとった。

スタンフォードに移った年の秋に、私は日本学士院会員に選ばれた。

翌一九六六年の夏、京都で開催される国際会議に出席するために私はスペンサーと一緒に日本に渡った。十七年ぶりに見た日本はすっかり変わってしまって、小型のアメリカのようになっていた。ホテルに泊まっていると、ウエーターが日本語をしゃべる以外はアメリカと同じであった。

国際基督教大学に在学中の長女の康子が東京を案内してくれた。新宿の地下道など一人では迷い子になりそうであった。日本語も少し変わったと思った。デパートに買い物に行ったとき、康子が店員を呼ぶのに「すみません」と言ったのが奇異に聞こえた。お菓子は日本菓子で、洋菓子はケーキということもはじめて知った。康子が基督教大学の寄宿舎で、「はばかりはどこ?」と聞いたら、「そんな侍みたいな変な言葉使わないでよ」と言われたという。「はばかり」はもう古語で、現代日本語では「おトイレ」というのだと知った。「トイレ」はフランス語で、「お」は敬語であると説明したら、スペンサーが大笑いした。家内はタイム・マシーンで十五年前の日本に戻って娘達を教育していたのである。アメリカに訪ねて来られた日本人が「お宅のお嬢さんは今の日本のお嬢さんよりもずっと日本的ですね」と言われたわけである。

京都でスペンサーと一緒に能を見物した。スペンサーは途中で昼食をしてきても、その間に能役者の右腕が下から上に上がっただけだ、と言って感心していた。昔の日本の貴族は変わったお酒を飲んで見物したからあの遅い動作が普通の速さに見えたのだろう、というのがスペンサーの説であった。

一カ月半ほど日本に滞在してスタンフォードに戻った。滞在中に是非東京大学に戻ってほしいという要望があり、翌六七年の八月に日本に帰った。

一九四九年から六七年まで米国に住んだが、その十八年間コーヒー一杯の値段は十セントと定まっていた。米国は治安がよく、経済が安定して、インフレのない素晴しい国であった。スタンフォード大学では二年目に昇給があり、私の年俸は二万四千ドル、年収は三万二千ドルになっていた。

私が日本へ帰るという話を伝え聞いたジョーンズ・ホプキンス大学の井草準一さんから電話がかかってきて、「よく決心しましたね」と言われたが、全くその通りで、素晴らしい米国が永遠に続くように見えたあの時点で、よく高給を捨てて日本に帰る決心がついたと思う。今にして思えば、あの十八年間は米国の全盛時代で、その後治安も悪くなり、インフレも起こった。後になって、東大で会ったアメリカ人の数学者に「あなたはちょうどいいときに米国を逃げ出しましたね」と言われた。あれから二十年たった現在、日本は全盛期を迎え繁栄しているが、この繁栄がいつまで続くか、心配である。

ついでに書きそえておくが、家内がおかかえの運転士だったので、怠けものの私は十八年にわたる滞米中遂に車の運転を習わずに済ませてしまった。

# 理学部長

昭和四十二年(一九六七年)の八月半ばに日本に帰って、東京大学の数学教室に復帰した。

東大の数学科の学生は実によくできた。その修士論文はアメリカならば十分博士論文として通用する。ヒルツェブルッフが日本に来たとき、上野健爾さんの修士論文を見て、これは博士論文三つ分ある、と言った。

翌四十三年の夏に東大紛争がはじまった。それがまるで流感のように日本全国に広がった。不可思議な現象で、私には理解できなかった。しばしば団交が行われて、教授達が学生に専門バカと罵倒された。

ある日、紛争に対する理学部の意見をまとめるからめいめい意見を書け、という回覧板が回って来たので、私は「専門バカでないものは唯のバカである」と書いて出した。そうしたら、この句がそのまま理学部の意見の中に採用されて有名になった。

三年後の昭和四十六年の十一月四日の教授会での選挙で、私は理学部長に選出された。怠けものの私はあまり教授会に出席せず、この日もうちにいたら選出されたという電話があった。ギョッとした。

アメリカから帰ったばかりで、日本の習慣もまだよくわからず、評議員はおろか教室主任もしたことがない私に学部長が務まるとは思えなかったし、東大に帰るとき雑用はいっさいしなくてよいという約束があったはずであるから、断ろうと思ったが、断った先例がないということでついに学部長にさせられてしまった。

昔から長老の二人の教授が評議員に選出され、評議員の一人がつぎの学部長に選出されるのが慣例であったが、三年前の紛争で学部長と評議員が一斉に辞任して若い久保亮五教授が学部長に選出され、この慣例が崩れてしまったのが間違いのもとであった。

毎週学部長会議があった。重要問題を議論するのかと思って出席したら、団交でどこかの学部長が何時間学生につかまった、というようなつまらない話が大部分であった。

学部長になっても東大を動かしている仕組みはついにわからなかった。会議は多かったが、理学部の新しい建物をどうするか、というような一番重要なことは理学部長の知らないうちにどこかで決まってしまうようであった。建前上は建築に関する最高決定機関は建築委員会で、学部長はその委員であるが、委員会に出席すると理学部の新しい建物の立派な模型ができていて、委員長にこういう建物を建てようと思うが理学部は賛成ですか反対ですか、と聞かれる。反対すれば建物はできないから賛成するしかなかった。

プリンストン大学の数学教室はミルナーが主任になって大分様子が変わったらしく、私が日本に帰った翌年、スペンサーはプリンストン大学に戻った。

翌四十七年(一九七二年)の三月の半ばに、プリンストン大学で開催されたスペンサーの還暦祝いのシンポジウムに招かれたので、私は家内と次女を連れて渡米した。アメリカの国内からはボット、グリッフィス、マンフォード等数十人の数学者が集まり、ヨーロッパからもヒルツェブルッフ、アティヤ等が来た。シンポジウムは三日間にわたり、いくつかの講演があった。私も曲面の構造について講演をした。盛大な晩餐会があってヒルツェブルッフがスピーチをした。スペンサーはお弟子たちに囲まれて実に幸せそうであった。私とスペンサーを皮肉ったフェラー教授はもう亡くなっていた。

私たちは大学のアパートを借りて二カ月滞在した。見たところは昔通りのプリンストンであったが、治安は悪くなっていたようであった。大学のオフィスのドアにカギをかけただけでは危いから、大切なものは机の引き出しに入れて、そこにもカギをかけるようにと注意された。

滞在中ボルチモアのジョーンズ・ホプキンス大学を訪ね、談話会で話をした。その夜、サンプソン教授の家で盛大なパーティーがあって、ディーンのエヴァンスに会った。ディーンという役職は日本の大学にはないが、地位は学部長に相当する。前にジョーンズ・ホプキンス大学からスタンフォード大学に移ろうとしたとき、私をオフィスに呼んで説得して引き止めようとしたディーンがエヴァンスであった。

エヴァンスはパーティーで私を見ると握手をして、「あなたが学部長とは信じられませんね(I can't believe you are a dean)」と言った。パーティーが終わりに近づいたとき握手をして、「あなたが学部長とはやっぱり信じられないですね(I still can't believe you are a dean)」と言って帰って行った。これがパーティーの間に私を観察して得たエヴァンスの結論であった。私が学部長に不適任であることを、ジョーンズ・ホプキンス大学のディーンの方が東大理学部の教授会よりもよく知っていたのであった！

# 退官講演

私が理学部長を務めたのは東京大学が改革で揺れていた時期であった。加藤一郎学長が熱心に改革に取り組まれ、改革委員会がいろいろな改革案を提案した。改革に関連して東大の移転が問題になり、四十七年の八月のはじめに都内のホテルで一晩泊まり込みで学部長会議が開催され、東大の移転を検討した。一日目には東大の一部を三鷹の天文台の敷地に移転する案が有力であったが、二日目になって、天文台の敷地は第一種住宅地で、高校はよいがパチンコ屋と大学は許されないという情報が入り、会議はうやむやのうちに終わってしまった。

そのあとすぐに私は軽井沢に行き八月の末まで家内の母の別荘に滞在したが、その間、学部長としての用事は数回理学部事務室と電話で連絡しただけで済んでしまった。義兄弥永昌吉先生の別荘が隣りにあって、先生は忙しいらしく、数日おきに東京との

講義をする著者(60歳を記念して刊行された“Collected Works”から)

間を往復しておられた。これを見て、近所の別荘に住んでおられた三村征雄先生いわく「どっちが定年になった教授かわからないね」。

確かその年の秋であったと思うが、加藤学長が各学部の学部長ほか数人の代表を集めて改革案に対する意見を聴かれたことがあったが、猛烈な反対意見が多かった。改革委員会の委員は各学部から選出されたのであったから、改革案は当然学部の意向を反映していたはずであるが、実際はそうではなかった。改革委員会で議論しているうちに、何が何でも現状を変えよう、という雰囲気が醸成され、改革案はその雰囲気を反映したものになったのであろう。せっかくの改革案が学部の反対にあったのは加藤学長には心外であったらしい。

四十八年の三月三十一日で加藤学長の任期が切れるので、三月になって学長選挙があった。昔から学長の任期は四年で、再選されて後二年、合計六年務めるのが慣例になっていたが、今回の選挙の前の評議会で加藤学長が再選禁止を提案され、現学長には適用しないという条件付きで承認された。

選挙では加藤学長が再選されたが辞退したいと言われる。学部長と研究所長が集まって何とかして引き止めようと相談した。そのとき、法学部長が法律の専門家としてつぎのような見解を述べられた。

「アメリカのトルーマン大統領が現大統領には適用しないという条件付きで三選禁止を定めたが、その精神を尊重してトルーマンは三度目の選挙には出馬しなかった。これがこういう場合の先例であって、現学長には適用しないという条件で再選禁止が承認されたが、その精神は現学長にも適用すべきものである。ゆえに加藤学長が辞退されるのは当然である」

これを聞いて私は唖然とした。現学長には適用しないというから再選禁止が評議会を通ったのであって、選挙が済んだ今となって、その精神は現学長にも適用されるというのは私には理解できなかった。法学の論理は数学の論理とは異質のものであることを悟った。

いずれにしても学部長選挙と違って学長選挙の規則には当選した人は辞退できると書いてあるので、固辞された加藤学長を引き止めるすべはなく、もう一度選挙が行われて、林健太郎さんが新しい学長に選出された。

林学長になってから、東大の改革熱はいっぺんに冷めてしまった。改革は実現しなかったが、東大は無事に続いている。なぜあんなに改革に熱中したか、不思議である。

私の理学部長の任期は四十八年の十一月八日までであったが、慣れない仕事で疲れてしまったので、教授会の承諾を得て四月一日に辞任した。

二年後の五十年三月の末に私は東大を定年で退職した。東大の数学教室では、定年退職する教授は前の年の秋の談話会で講演をすることになっていた。私は十一月の末に『回顧と……』と題する講演をした。昔、高木貞治先生が文化勲章の受章を記念して「回顧と展望」と題する講演をされた。先例にならって「回顧と展望」という題にしたかったが、私には数学の将来を見通して展望する能力はないので、「展望」を

「……」で置き換えたのである。「……」については、つぎのような話をした。

数学の進歩の方向を予想してその将来を展望することはできないが、進歩のパターンは定まっているのではないか。進歩の典型は生物の進化であるから、数学の進歩のパターンも生物の進化のパターンと同じではないか。

動物の進化のパターンは左図のようになっているという。三—四億年の昔、魚が進化して両棲類になった。しかし、当時の最も進化した魚がさらに進化して両棲類になったのではなく、魚としては幼稚(primitive)な形態のものが進化して両棲類になった。四億年も昔のことであるから、実際にどうなっていたかはもちろんわからないが、ちょっと想像を逞《たくま》しくしてみると、当時すでに立派な魚で海の表面に近い見通しのよい透明な水域を颯爽《さっそう》として泳いでいたのがいた。そういう魚の子孫は今でも魚、たとえば鯛であ

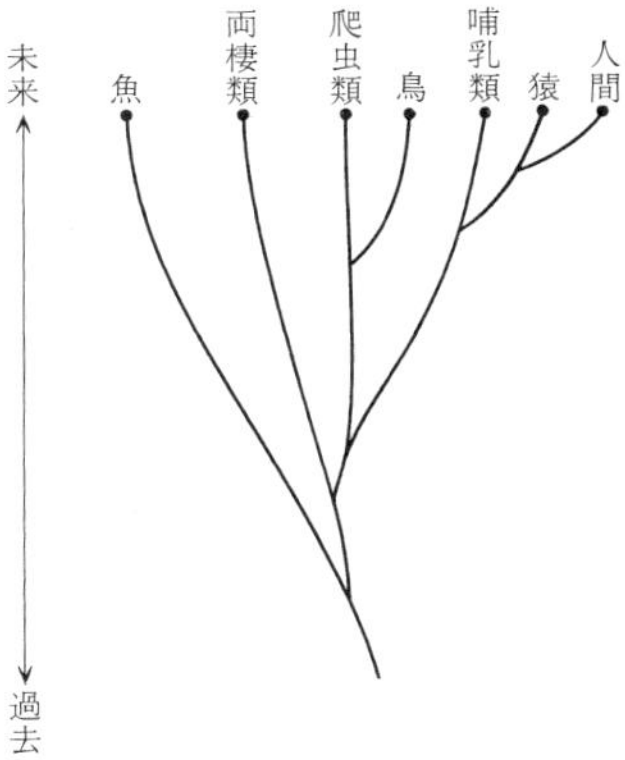

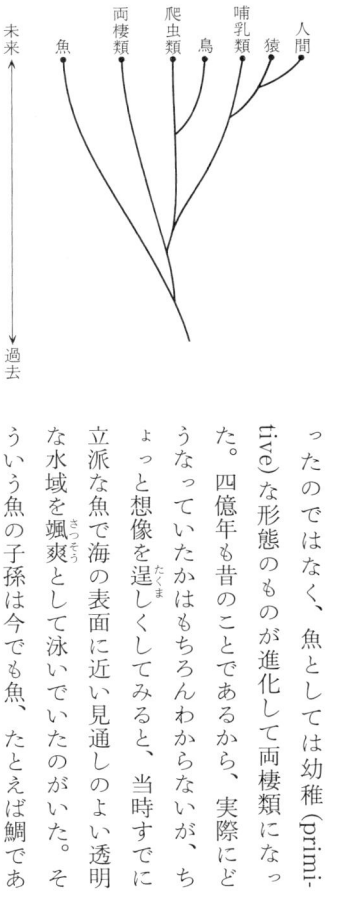

ろう。一方、当時魚としては幼稚な形態で海底の泥の中をがむしゃらに這い回っていたのがいた。そういうものの子孫がいつの間にか陸上に這い上がって両棲類になった。そして、幼稚な形態の両棲類が進化して爬虫類になり……幼稚な形態の猿が進化して人間になった。

数学の進歩のパターンもこれと同様であると思われる。ある一つの分野が進歩していって、その進歩の最先端から新しい分野が生まれるのではなく、その分野の原始的(primitive)なところから新しい分野が生まれる。数学の現状には触れないことにして、四十年前私が学生であった頃の状況についてみると、その頃の鯛にあたる分野は平面幾何であったと思う。当時、まだ平面幾何が栄えていて、例えばフォイエルバッハの定理の証明を二十三通り発見した、というような平面幾何の大家が何人もおられた。平面幾何は二千年の昔にはじまって、その形態を変えずに進歩してきた透明な学問で、まさに鯛に相当すると思う。解析幾何は平面幾何の最先端からではなく、平面幾何としては初等的なところから発展したのであろう。

われわれが数学を研究する場合も同様で、専門分野を一つ定めてその最先端の見通しのよい所で仕事をしていると、鮮やかな結果は出てくるけれども、あまり珍しい変わったことは出てこない。泥沼にもぐって何も見えない所を暗中模索で這い回っていると、思いもかけない珍しい結果が出てくる。新しい分野はこういうふうにして生まれるのではないかと思う。

講演が終わって廊下で岩堀信子女史(青山学院大学理工学部教授)に会ったら、早速「鯛だっていいじゃないですか。腐っても鯛っていうでしょう」と叱られた。

五十年三月の半ばに、私の還暦祝いのコンファレンスが開催され、アメリカからはスペンサーとベイリイが参加した。ベイリイはプリンストン大学で私が最初に指導した大学院生で、卒業後シカゴ大学に移り、しばらくして同大学の教授になった人である。

コンファレンスでは、最初にスペンサーの講演があり、続いて日本人の数学者の講演がいくつかあった。十五日の神田の学士会館での晩餐会には全国から大勢の方々が集まって下さった。まことに有難いことであった。

東大を定年退職して、私も東大名誉教授の末席を汚すことになった。翌五十一年になって、理学部広報の編集部から、三月号に名誉教授の方々の近況を載せることになったので、私も何か書くように依頼された。そこで私は「昔、私が大学の二年生になったとき高木貞治先生が定年退官されました。当時の名誉教授の先生方は威厳があって悠然として暮らしておられたようです。私も何とかして悠然たる心境に到達したいと思うのですが、どうもうまく行きません。どうしたらよいか御存知の方はこっそり教えて下さい」と書いた。

そうしたら早速、山内恭彦《やまのうちたかひこ》先生から葉書を戴いた。いわく「悒憂自惕《ゆうゆうじてき》。世期末の名誉教授は悠々自適とはまいりません」と。漢和辞典を引いてみたら、悒は心がふさがって憂わしいこと、惕はおそれつつしむこと、とあった。なるほど、悒憂自惕では悠然たる心境に到達できないのは当然である。その後で、朝日新聞の近況欄に山内先生から「世期末の名誉教授は悒憂自惕、悠々自適とはいかない」と教えて戴いたという話を書いた。そうしたら、学士院で山内先生にお目にかかったとき、「こっそり教えてやった秘密を新聞に発表する奴があるか」と叱られた。

# 学習院大学へ

私は東京大学を定年で退職した後、五十年四月から学習院大学に勤めた。目白駅前の学習院大学は中落合の私のうちから歩いて二十五分ほどの距離にあり、通うには便利である。そして、都内の大学としてはキャンパスが広く緑が多い。

定年後学習院大学に来ないか、という話があったとき、いい話だけれど、また理学部長をやらされたらたまらない、と思った。幸いにして当時の学習院大学の理学部長木下是雄さんは昔東大の物理の学生であったときの同級生である。早速、木下さんに会って、学習院に来るについては学部長をしなくてもよいという約束をしてほしい、それも口約束でなく証文を書いてほしい、と頼んだ。山登りで鍛えた木下さんは決断が早い。その場で約束をする決心をされたらしく、すぐに教授会に諮って、理学部教授会は私がいっさいの管理職を引き受けないことを承諾した、という趣旨の証文を作って理学部長の印を押してくれた。木下学部長の任期が切れたとき、もうあの約束は無効だと言った教授がいたが、証文のお陰で十年間主任にも学部長にもならずに無事に勤めて六十年の三月に定年退職した。

十八年間アメリカに住んだ私のものの考え方はいつの間にかアメリカ式になっていた。これをアメリカ呆けというのであろう。アメリカの大学では、年俸何ドル出すから来てほしい、と交渉する。東大へ帰ってほしいという交渉のとき、俸給の話はいっさいなかった。日本ではお金のことを口にするのははしたないから何も言わないが、帰れば人並みの月給はもらえるものと思っていた。ところが帰ってみると、月給は人並みよりもずっと少なかった。月給は経験年数によるので、アメリカで教えていた期間は経験年数に数えないからだというようなことであった。是非帰ってほしいと言っておいて人並みの月給もくれないのは、アメリカ呆けした私には理解できなかった。特別昇給で人並みの月給になったのは翌年の一月であった。

日本に帰るとき、今帰れば東大に二十年勤めた計算になり年金がつく、と言われたが、退職金については話はなかった。日本に帰ってから、定年退職のときには相当な額の退職金が支給されると聞いた。アメリカの大学には年金はあるが退職金はない。日本も悪くないと楽しみにしていた。ところが、定年が近づいて事務の人に年金と退職金の手続きをしてもらうと、年金は言われた通りであったが、退職金の方は日本に帰ってから勤めた七年分で、スズメの涙ほどしか出ないことがわかった。これにはがっかりしてしょげてしまった。アメリカ呆けした頭で、是非帰ってほしいと言ってよび帰した以上は人並みのことはしてもらえるものと考えていた私があさはかであったのであるが、しょげたことに変わりはなかった。

この件については、一高のときの同級生宮入鴻一さん、今井茂さん、同期生谷村裕さん、数学科のときの同級生菱沼従尹さんが心配して下さった。宮入さんは本駒込の宮入外科の院長で、今井さんは鹿島建設の副社長、谷村さんは東京証券取引所の理事長、菱沼さんは第百生命保険の取締役をしておられた。宮入さんが退職金の件で私がしょげているのを見て、今井さん、谷村さん、菱沼さんに相談して下さり、この方々のお世話で私は武藤構造力学研究所の顧問と東南アジア生命保険振興センターの理事にしていただいた。友人とは本当に有難いものだと感謝している。

東大の定年と前後して、私は一九七四年（昭和四十九年）にゲッチンゲン学士院の通信会員に、一九七五年に米国科学学士院の客員に、一九七八年に米国芸術科学院の名誉会員に、一九七九年にロンドン数学会の名誉会員に選ばれた。米国芸術科学院というのは聞いたことがなかったので、百科事典を引いてみたら、由緒あるアカデミーで、かつて初代大統領ワシントンが会員であったと書いてあったのでびっくりした。

昭和五十年の六月に私は藤原賞を受賞した。受賞の対象となったのは文化勲章を受章した三十二年以降の研究業績、特に複素解析曲面の理論およびスペンサーと共同で研究した複素構造の変形の理論であった。

私の業績は数学の世界で遊んでいるうちに何となく自然にできたものばかりで、古来の難問を苦心惨憺して解いたといって自慢できるようなものは一つもない。唯一つ自慢できることがあるとすれば、それは文化勲章受章以後に量、質とも受章以前に劣らない仕事をしたことであろう。

# 学問の将来

話は前に遡るが、一九六〇年（昭和三十五年）に私の長女がプリンストンの中学校でSMSGの教科書を用いて新数学（new math）を教える教育実験の級に編入されるという不運に見舞われた。この新数学に端を発した数学教育の現代化がたちまち世界的な流行となり、日本でも昭和四十年代に入って文部省の指導要領が現代化を大幅に取り入れ、小学校の算数で集合を教えるようになった。米国で現代化を推進したのは一部の数学者と教育学者で、多くの数学者は現代化に反対であったが、どういうわけか、反対が多かったことは日本には伝わらなかったらしい。

私は少しでも現代化を防ごうと思い、岩波の『科学』の四十三年十月号に書いた小論「New Math 批判」（岩波現代文庫『怠け数学者の記』所収）をはじめとして、機会あるごとに現代化反対のエッセイを書いた。文部省が現代化の方針を変えるとは考えられなかったからである。ところが、五十年代に入って告示された新しい指導要領では、現代化はあっさり後退してしまった。これには驚いた。こうあっさり後退するとは夢にも考えなかった。

現代化は後退したが、現代化によって追放されたユークリッド平面幾何は復活せず、論理を教える場は失われたままである。これは現代化の最大の後遺症であろう。

私が昭和五十年に学習院大学で教えるようになってから、年々数学科の学生の学力が低下していくことに気付いた。私ははじめ学力低下は数学教育の現代化のせいだと思っていたが、経済学の大内力さんが五十四年十一月五日の朝日新聞に書かれた「学問に未来はあるか――恐るべき学力の低下」と題するエッセイを読んで、学力低下は数学に限らず学問全般に及んでいることを知った。

その後定年退職するまで、年々学生の学力が低下していくのを見ながら、どうにもできなかったのは実に情けなかった。

コーシーの収束の判定条件は微積分の基礎である。このくらいは覚えてもらいたいものだと思い、一度夏休みに「コーシーの収束の判定条件を二十回書け」という小学生並みの宿題を出した。どの教科書にも書いてある三行の文章を丸写しすればよいのであるが、五十人のクラスで出たらめを二十回書いて提出した学生が九人いた。わずか三行の文章を写すことができないのか、しないのか、ここまで学力が低下したのでは学問の未来はおろか、日本に未来はあるかが問題であろう。

# ウルフ賞

昭和六十年の三月の末に、私は学習院大学を定年で退職した。三月十五日に学習院の記念会館で数学教室主催の古希の祝いの会があった。四月四日には飯高茂さんをはじめいわゆる小平スクールの数学者が集まって、東麻布のレストラン・ピアジェで私の古希を祝ってくれた。

五月に、私はイスラエルへ行ってウルフ賞を受賞した。ウルフ賞は日本では知られていないが、イスラエルにあるウルフ財団が一九七八年以降毎年物理、化学、医学、農学、数学の分野で著しい仕事をした人に贈る賞である。賞は賞状と賞金で、賞金は各分野十万ドルずつとなっている。一九八一年からは芸術の分野が加わり、画家シャガール、ピアニストのホロヴィッツ等が受賞した。

一九八五年度のウルフ賞の数学の分野の受賞者がハンス・レヴィと私に決まったと

いう電報を受け取ったのは、その前の年の暮れであった。イスラエル副大統領からの正式な通知は正月になってから東京のイスラエル大使館で大使ベンヨハナン氏から手渡された。一九八五年度の受賞者は数学二名、物理二名、農学、医学、化学、芸術それぞれ一名、合計八名であった。

五月十二日の授賞式には、家内の代わりに長女の康子を連れて出席することにした。七日の夜成田を発って北回りの日航でドイツのフランクフルトへ行き、そこでルフトハンザに乗り換えて八日の午後、イスラエルのテル・アビブに着いた。テル・アビブではプラザ・ホテルに泊まった。ホテルの食事の量の多いのには驚いた。翌八日にはテル・アビブから百キロほど南のベール・シェバのベン・グリオン大学へ行って談話会で話をした。

十一日の夜エルサレムのヒブルー大学でレセプションがあり、そこでハンス・レヴィに会った。八十歳のハンス・レヴィはとても元気で、娘が「お元気ですね」というと、「皆さんそうおっしゃいます」という返事であった。健康法は散歩とピアノを弾くことだそうで、ピアノは随分上手らしい。ピアニストになろうと思ったことがある

ヘルツォグ大統領からウルフ賞を受ける著者
(壁面はシャガールの絵)

が、お父さんにピアニストなら一流にならなければ駄目だと言われて諦めたという話であった。「自分で弾くだけで他人の演奏は聴かない」という。若いときに聴いた演奏が耳に残っていて、現代の演奏はそのイメージに合わない、第一、ピッチが昔よりも高くなっているのだそうである。

十二日の授賞式は夕方から国会議事堂内のシャガール・ホールで行われた。西日が差していてテレビのカメラマンがいくつも照明を持ち込んでいたのでひどく明るく、シャガールが描いた大きな壁画が実に綺麗に見えた。

ウルフ賞授賞式の光景

ヘルツォグ大統領のスピーチがあった。スピーチはヘブライ語で、英語の同時通訳があった。イアホーンに慣れていないせいもあって私にはよく聴きとれなかったが、人類の幸福(welfare)のための賞であることを強調されていた。続いて文部大臣ナボンのスピーチがあり、そのあと、われわれ八名の受賞者は一人ずつ大統領から賞状と賞金(小切手)を手渡された。各分野一人ずつ短いお礼のスピーチをした。数学はハンス・レヴィがこのスピーチをした。それで式はおしまいであった。

イスラエルの大統領は象徴的な存在で、しばしば学者が大統領になるという。第一回の日本国際賞を受賞したテル・アビブ大学のカツィール教授も大統領をしたことがあったという。一九五二年の十一月にイスラエルの初代大統領チャイム・ワイズマンが亡くなったとき、イスラエル政府はアインシュタインに大統領就任を要請したが、これは断られたそうである。

授賞式のあと晩餐会があり、何人かのお偉方がスピーチをした。その一人が「日本人はテクノロジーに優れ、ユダヤ人は数学に優れていますが、日本でユダヤ人のカツィール教授がバイオテクノロジーで日本国際賞を受賞し、イスラエルで日本人の小平が数学でウルフ賞を受賞しました。これはどうしたのでしょう」と言って皆を笑わせた。

アメリカ育ちの康子は、ヨーロッパではドイツ語でもフランス語でも英語に似ているので何となくわかるが、イスラエルではヘブライ語が全然わからない。全然言葉がわからない国へ来たのははじめてで、何か異星人の国へでも来たような感じで薄気味が悪い、日本へはじめて来た欧米人もこういう薄気味悪い思いをするのであろう、と同情の念を新たにした、と言っていた。

帰りはイスラエル航空でロンドンへ行き、日航に乗り換えて十六日の夕方成田に着いた。イスラエルを発って成田に着くまで二十二時間、一度も日が暮れなかったのでひどく疲れた。

# 基礎教科の重視を

昭和五十七年の十二月六日に、私は中央教育審議会教育内容等小委員会によばれて数学教育に関する意見を聴かれた。「ゆとりある教育」と称して、小学校の高学年の算数と中学校の数学の時間が減らされるという状況では、数学教育だけ切り離して論じても無駄である。そこで私は教育全般についておよそつぎのような意見を述べた。

最近の大学生の学力の低下には恐るべきものがあり、日本の将来が危ぶまれる。ここで学力というのは自分でものを考える力を意味する。学力・独創力を養うには初等・中等教育において基礎教科を重視し、基礎的でない教科を大幅に削減して、生徒がゆとりをもって自ら考える力を育てるようにすべきである。

このことを小学校についてもう少し詳しく言うと、物事には、

(A) 子供のとき習得しておかなければ大人になってからでは覚えられないこと

（たとえば読み書き）

（B）　大人になってからでも簡単に覚えられること（たとえば目玉焼きの焼き方）がある。（A）に属するのが基礎教科で、小学校における基礎教科は国語と算数である。

（C）　どの教科にもそれを教えるのに適当な年齢――適齢がある。

適齢に達していない子供にその教科を教えようとすると、教える内容はつまらないものになり、結局、時間と労力の浪費となる。低学年の小学生はまだ社会や理科の適齢に達していない。

基礎教科の国語と算数を十分時間をかけて徹底的に教え、他の教科は余った時間に生徒が適齢に達してからゆっくり教えるべきである。これが小学校の教育の原則である。

中学校、高等学校についても基礎教科を重視すべきであるという原則は同じである。現在の初等・中等教育では、多数の教科を広く浅く適齢を無視して早くから教えている。このために理論的な教科まで暗記物に化し、生徒は教えられたことを暗記するのに忙しく、自分でものを考える余裕を失っている。これが学力低下の原因である。

改めて全教科を上記(A)、(B)、(C)の観点から見直して精選すべきである。

さらに、数学教育について詳しい意見を述べたが、それはここでは省略する。

委員会では、私のこの意見に対して賛成はあったが反対はなかった。

小学校の低学年の生徒が社会の適齢に達していないことは文部省の指導要領を見ればわかる。

指導要領によると、二年の社会の内容はつぎのようになっている。
(1) 日常生活に見られる職業としての仕事を整理するとともに、小売店の人々は客が品物を買いやすいように販売の上でいろいろ工夫していることに気付かせる。
(2) 農作物を栽培する人々や水産物を育成したり採取したりする人々は自然の条件を生かす工夫や災害を防ぐ努力をしていることに気付かせる。
(3) 工場で働く人々は原料を加工して製品を作るために仕事を分担しながら協力していることに気付かせる。
(4) 乗り物で働く人々は乗り物の出発や到着の時刻を守りながら乗客の安全な輸送に努めていることに気付かせる。

（5）郵便物の集配に携わる人々は郵便物を確実に早く届けるように努めていることに気付かせる。

このようなことは大人になるまでには誰でも自然に気付くことである。なぜこれを毎週二時間も費やして七―八歳の子供に気付かせなければならないか、不可解である。低学年の理科についても、指導要領を見れば事情は同様であることがわかる。

小学校は義務教育である。教わるのが義務であるというからには、教える内容は生徒にとってどうしても小学校で学んでおく必要があるものでなければならない。必要でもないものを教えるために時間を浪費して、必要な基礎教科の教育がおろそかになっては子供に対して申しわけない。上記の二年の社会科の内容には、子供が学んでおく必要があるものは見当たらないのである。

私が子供のころ――今からおよそ六十年前の小学校では国語が一年のとき週十時間、二年から四年まで週十二時間あった。そして修身、唱歌、体操を除くと二年までは国語と算数以外は何もなく、図画は三年から、理科は四年から、社会に相当する歴史と地理は五年からであった。私のいう原則にのっとった当時の教育の基本方針がこの時間の配分によく表われている。

現在の初等・中等教育にはこういう全教科を統制する基本方針が欠けているらしく、社会、理科、図画が小学校の一年からそれぞれ週二時間ずつある。あたかも各教科が自己の勢力を拡張するために競って早くから多くの事柄を教えようとしているかの如くである。これでは子供のために教科があるのか、教科のために子供がいるのかわからない。昔よりも進歩しているはずの現在の教育が実は退歩しているのではないか？疑わざるを得ない。

# 解　説

上野健爾

本書の著者小平邦彦は我が国初のフィールズ賞受賞者であり、二〇世紀を代表する数学者の一人である。本書は、天才数学者がどのようにして誕生し、活躍していったかを自らが記した貴重な記録である。日本経済新聞の「私の履歴書」に連載されたものが本書のもとになっている。著者のアメリカでの活躍に関しては本書の姉妹編である『怠け数学者の記』(岩波現代文庫)にも詳しい。本書とあわせて読まれることをお勧めする。

我が国の数学は江戸時代に西洋の数学とは少し違った形で発展し、西洋数学の本格的な受容は明治時代に始まった。その最初の成果は高木貞治による類体論の建設(一九二〇年)と園正造による可換環のイデアル論(一九一七―一九年)である。そして、本書の著者が大学に入学したころには、我が国の若手数学者は国際的な活躍をはじめていた。しかし、「当時は日本の数学が古典的な数学から現代数学に変わる転換期で、現在では考えられないような科目が必修であった」と本書に書かれているように(三二頁)、昭和一〇年(一九三五年)に東京帝国大学理学部数学科に著者が入学したとき、最先端の数学は自学する必要があった。当時は新しい数学がすさまじい勢いで発展していた時代であり、優れた教科書や報告書がドイツを中心に出版され始めていた。

一九三三年ナチスがドイツで政権をとってからヨーロッパは次第に戦場となっていき、多くの数学者がヨーロッパ大陸からアメリカへ亡命を余儀なくされた。それにともない数学の中心はドイツのゲッチンゲン大学からアメリカに移っていった。本書の著者が大きな影響を受け、また後に小平の才能を見抜き、活躍の場をプリンストンに提供することになったH・ワイルもその一人である。プリンストン高等科学研究所は第二次世界大戦後、数学研究の中心地になった。著者のアメリカ時代は、現代数学が花盛りとなった時代であり、小平は優れた共同研究者スペンサーに出会い、数学発展の中心の一人として大活躍した。

ところで、本書の題名通り、著者は本文中で「算数しかできなかった」ことを強調している。しかし、「算数しかできなかった」という著者の言葉は充分に注意して読む必要がある。本書に、ショパンの三度の練習曲に関してポリーニとレヴィーンとを比較する話が出てくる。「ポリーニだけ聴いていれば、その楽譜に忠実な演奏は完璧で、三度の練習曲はこういう曲だと思ってしまう。ところがレヴィーンを聴くと、なるほど三度の練習曲はこういう風に弾くべき曲であったか、とその美しさに目が覚める思いがするのである。ポリーニは楽譜に忠実に弾いているがいまだその読みが浅く、レヴィーンの読みは深い」(五六頁)と著者は記している。ところがそのレヴィーンにしても、著者のお嬢さんのヴァイオリンの先生であったウルフィルソンによれば、素晴らしいピアニストだけれども頭が悪いから一緒にベートーベンのソナタを弾くとつまらなかったということになってしまう(一三二頁)。著者が「できる」、「できない」というときには、実はこの名人のレベルでの話である。著者は明晰判明に理解することを常に求めており、そうでなければ著者にとってはわからないことにされてしまう。数学以外はできなかったと著者が主張する理由は、数学以外の学科は著者にとっては明晰判明に理解する対象ではなかっただけのことである。もっとも、著者のユニークな発想を教師が理解できなかった面も大きいのではと想像される(数学に関しては二五—二六頁にそうした記述を見ることができる)。また、著者はどもる癖があり、そのことが原因で、本書にも何カ所か記されているように学校生活で辛い思いをすることになった。それが数学以外の学科を好きになれなかった遠因になったのであろう。

著者が幼少から数学の才能を発揮していたことは本書にもその一端が記されている。また、著者の非凡な発想と観察眼の鋭さも本書のいたるところに見出すことができる。著者七歳の時、ドイツからのおみやげの一つとして組み立て玩具を父親からもらって、毎日のように組み立てて遊んだが、最初に学んだことは三辺の比が3、4、5の三角形は直角三角形という事実であった(一二頁)。小学校五年生のとき飼い犬が六匹の子犬を産んだとき、全部子犬を隠すと親犬は必死で探し回るが、五匹隠して一匹残せば他の子犬がいないことに気が付かないことを試して、「犬には数量の観念が皆無であることがわかった」(六頁)ことは、幼いときから数に特別な興味を持っていた(三頁)著者ならではの鋭い観察の結果であるが、着眼点が常人とは最初から違っている。また、祖父が動物の剝製を作るときのことを「順々に皮を剝いでいって最後に尻尾の骨を引き抜くと、まるで靴下でも脱ぐように、尻尾の皮が裏返しになって離れたのには感心した」(一四頁)とユーモアにあふれた的確な描写も著者ならではのものである。さらには、比例を使えば簡単に証明できる証明問題を比例を使わずに補助線を何本も引いて解いて見るという、中学時代の思い出(一九頁)からは、興味を持つとどこまでも追求してやまない著者の気質が読みとれる。動物のナマケモノを生活の理想と考える著者の気持ちは(六三頁)、興味を持ったことのみを追求してやまない著者の気持ちの表れである。それは数学の研究だけでなくピアノの練習に始まる音楽への情熱にも当てはまるように思われる。

天才数学者は、しかしながら単なる数学的なセンスの良さと観察眼の鋭さだけから生まれたものではなかった。中学時代に読み始めた藤原松三郎著『代数学』によって著者の数学への興味は確かなものとなったが、その勉強に関して著者は、「わからない証明をわかるまで何度も繰り返し、ノートに写したりして苦心惨憺した。そのときの経験によると、わからない証明も繰り返しノートに写して暗記してしまうと、自然にわかってくるようである。現在の数学の初等・中等教育ではまずわからせることが大切で、わからない証明を丸暗記させるなど、もっての外ということになっているが、果たしてそうか、疑問であると思う」(二〇―二一頁)と記している。誤解を生みやすい表現であるが、著者は『代数学』に記されたことを明晰判明に理解したいと思い、わからない証明を何度も繰り返しノートに写した結果、自然に暗記してしまったのである。深く考えながら、わかろうと努力した結果の暗記であって、暗記するために暗記したのではないことを注意しておく必要があろう。さらに、東京大学の数学科に入学して、数学の専門書を読んだ際には「この頃から数学の本を読むときには別証を考えたり、実例や反例をつくったりしながら読む習慣がついた」(三五頁)と記している。この読書は直ちに第一線の研究に直結することになった。また著者は勉強するときに手を使うことの重要性をさりげなく記している。「年度末の試験のときには、その数週間前に河田敬義さんからノートを借りてきて写した。……複写機などというものはなかったから手で書いて写したのである。ノートを整理しながらていねいに書き写して行くと、それだけで講義の内容は自然に頭に入った」(三九―四〇頁)。こうした記述に勉強法のヒントを見出すことができよう。

数学の研究に関しては著者は夏目漱石の『夢十話』の一節を引用して、「私の楕円曲面論は実は私が考え出したのではなく、数学という木の中に埋まっていた楕円曲面論を私が紙と鉛筆の力で掘り出したにすぎない、というのが私の実感であった」(一一六頁)と記している。小平の論文はどれをとっても実に自然に理論が展開して、数学的センスの良さがあふれ出ているが、とりわけ楕円曲面論は不思議な美しさを備えている。しかし、それは外見はナマケモノと見間違えられるほどに、徹底的に考え抜くことから生まれた結果である。H・ワイルに招待されて出かけたアメリカで著者は二〇世紀を代表する数学者達と交流し、数々の優れた業績をあげていった。そのことは、本書にその一端が記されているが、『怠け数学者の記』に詳しい。数学的に稔り多かったアメリカでの生活は必ずしも快適ではなかったこと、日本に帰ってきても別の意味で苦労したことも本書にはユーモアを交えて記されている。日本のシステムそのものの問題点は「入試委員」の項に的確に記されている。

著者が数学に目覚め、数学者への道を歩み始めたときは世界中が戦争へと向かい、その後の我が国は敗戦の大変な時代であったが、その一方では自分の好きなことに熱中することが許される時代でもあった。「経験のない人には絶対にわからないらしいが、食べるものがないというのは実に惨めなものである。それにもかかわらず皆よく勉強した。この疎開したクラスから優秀な数学者が輩出したことから見ても、生活環境と学問とはあまり相関関係はないようである」(六三―六四頁)、また敗戦直後も「それにもかかわらず、学生はよく勉強した。そしてよくできた。試験のときあらゆる知恵をしぼって難しい問題を出しても、満点をとる学生が必ず何人かいた。年度末試験に、あらゆる知恵をしぼって易しい問題を出さなければならない現在の大学生とは大違いであった」(七〇頁)と著者は記している。

ところで、小平少年が現れて今の小学校・中学校に通ったとして、昔のようにその才能を充分にのばすことが可能であろうか。現在の教育が失ってしまったものが何であるか、本書は雄弁に物語っている。本書の著者が晩年、最も気にかけていたのは初等・中等教育であった。それは、才能をむしろ潰す方向にしか働かない現在の教育システムの改善への提言であったが、残念ながら教育行政に充分に生かされることはなかった。また、それに関連して、著者は初等幾何学の大切さを訴え続けたが、それに関しては自ら幾何学の面白さを語った『幾何への誘い』(岩波現代文庫)を参照していただきたい。

（数学者）

本書は一九八七年四月、日経サイエンス社から刊行された『ボクは算数しか出来なかった―小平邦彦・私の履歴書』に、岡マリ子氏・飯高茂氏のご協力による写真を増補した新編集版である。

ボクは算数しか出来なかった

2002年5月16日　第1刷発行
2024年1月15日　第11刷発行

著　者　小平邦彦《こだいらくにひこ》

発行者　坂本政謙

発行所　株式会社 岩波書店
〒101-8002 東京都千代田区一ツ橋 2-5-5

案内 03-5210-4000　営業部 03-5210-4111
https://www.iwanami.co.jp/

印刷・精興社　製本・中永製本


ISBN 978-4-00-603060-5　Printed in Japan

# 岩波現代文庫創刊二〇年に際して

二一世紀が始まってからすでに二〇年が経とうとしています。この間のグローバル化の急激な進行は世界のあり方を大きく変えました。世界規模で経済や情報の結びつきが強まるとともに、国境を越えた人の移動は日常の光景となり、今やどこに住んでいても、私たちの暮らしは世界中の様々な出来事と無関係ではいられません。しかし、グローバル化の中で否応なくもたらされる「他者」との出会いや交流は、新たな文化や価値観だけではなく、摩擦や衝突、そしてしばしば憎悪までをも生み出しています。グローバル化にともなう副作用は、その恩恵を遥かにこえていると言わざるを得ません。

今私たちに求められているのは、国内、国外にかかわらず、異なる歴史や経験、文化を持つ「他者」と向き合い、よりよい関係を結び直してゆくための想像力、構想力ではないでしょうか。

新世紀の到来を目前にした二〇〇〇年一月に創刊された岩波現代文庫は、この二〇年を通して、哲学や歴史、経済、自然科学から、小説やエッセイ、ルポルタージュにいたるまで幅広いジャンルの書目を刊行してきました。一〇〇〇点を超える書目には、人類が直面してきた様々な課題と、試行錯誤の営みが刻まれています。読書を通した過去の「他者」との出会いから得られる知識や経験は、私たちがよりよい社会を作り上げてゆくために大きな示唆を与えてくれるはずです。

一冊の本が世界を変える大きな力を持つことを信じ、岩波現代文庫はこれからもさらなるラインナップの充実をめざしてゆきます。

（二〇二〇年一月）

S312
## 増補 隔離 ―故郷を追われたハンセン病者たち―
徳永 進

らい予防法が廃止され、国の法的責任が明らかになった後も、ハンセン病隔離政策が終わり解決したわけではなかった。回復者たちの現在の声をも伝える増補版。〈解説〉宮坂道夫

S313
## 沖縄の歩み
国場幸太郎
新川 明
鹿野政直 編

米軍占領下の沖縄で抵抗運動に献身した著者が、復帰直後に若い世代に向けてやさしく説き明かした沖縄通史。幻の名著がいま蘇る。〈解説〉新川 明・鹿野政直

S314
## ぼくたちはこうして学者になった ―脳・チンパンジー・人間―
松本 元
松沢哲郎

「人間とは何か」を知ろうと、それぞれ新たな学問を切り拓いてきた二人は、どのような生い立ちや出会いを経て、何を学んだのか。

S315
## ニクソンのアメリカ ―アメリカ第一主義の起源―
松尾文夫

白人中産層に徹底的に迎合する内政と、中国との和解を果たした外交。ニクソンのしたたかな論理に迫った名著を再編集した決定版。〈解説〉西山隆行

S316
## 負ける建築
隈 研吾

コンクリートから木造へ。「勝つ建築」から「負ける建築」へ。新国立競技場の設計に携わった著者の、独自の建築哲学が窺える論集。

2024.1

S317
## 全盲の弁護士　竹下義樹
小林照幸

視覚障害をものともせず、九度の挑戦を経て弁護士の夢をつかんだ男、竹下義樹。読む人の心を揺さぶる傑作ノンフィクション！

S318
## 一粒の柿の種
―科学と文化を語る―
渡辺政隆

身の回りを科学の目で見れば…。その何と楽しいことか！　文学や漫画を科学の目で楽しむコツを披露。科学教育や疑似科学にも一言。〈解説〉最相葉月

S319
## 聞き書 緒方貞子回顧録
野林健
納家政嗣 編

「人の命を助けること」、これに尽きます――。国連難民高等弁務官をつとめ、「人間の安全保障」を提起した緒方貞子。人生とともに、世界と日本を語る。〈解説〉中満泉

S320
## 「無罪」を見抜く
―裁判官・木谷明の生き方―
木谷明
山田隆司
嘉多山宗 聞き手・編

有罪率が高い日本の刑事裁判において、在職中いくつもの無罪判決を出し、その全てが確定した裁判官は、いかにして無罪を見抜いたのか。〈解説〉門野博

S321
## 聖路加病院　生と死の現場
早瀬圭一

医療と看護の原点を描いた『聖路加病院で働くということ』に、緩和ケア病棟での出会いと別れの新章を増補。〈解説〉山根基世

S322
## 菌世界紀行
—誰も知らないきのこを追って—
星野　保

大の男が這いつくばって、世界中の寒冷地にきのこを探す。雪の下でしたたかに生きる菌たちの生態とともに綴る、とっておきの〈菌道中〉。〈解説〉渡邊十絲子

S323-324
## キッシンジャー回想録　中国（上・下）
ヘンリー・A・キッシンジャー
塚越敏彦ほか訳

世界中に衝撃を与えた米中和解の立役者であるキッシンジャー。国際政治の現実と中国の論理を誰よりも知り尽くした彼が綴った、決定的「中国論」。〈解説〉松尾文夫

S325
## 井上ひさしの憲法指南
井上ひさし

「日本国憲法は最高の傑作」と語る井上ひさし。憲法の基本を分かりやすく説いたエッセイ、講演録を収めました。〈解説〉小森陽一

S326
## 増補版　日本レスリングの物語
柳澤　健

草創期から現在まで、無数のドラマを描きさる日本レスリングの「正史」にしてエンターテインメント。〈解説〉夢枕　獏

S327
## 抵抗の新聞人　桐生悠々
井出孫六

日米開戦前夜まで、反戦と不正追及の姿勢を貫きジャーナリズム史上に屹立する桐生悠々。その烈々たる生涯。巻末には五男による〈親子関係〉の回想文を収録。〈解説〉青木　理

S328
人は愛するに足り、真心は信ずるに足る
―アフガンとの約束―
中村　哲
澤地久枝（聞き手）

戦乱と劣悪な自然環境に苦しむアフガンで、人々の命を救うべく身命を賭して活動を続けた故・中村哲医師が熱い思いを語った貴重な記録。

S329
負け組のメディア史
―天下無敵　野依秀市伝―
佐藤卓己

明治末期から戦後にかけて「言論界の暴れん坊」の異名をとった男、野依秀市。忘れられた桁外れの鬼才に着目したメディア史を描く。〈解説〉平山　昇

S330
ヨーロッパ・コーリング・リターンズ
―社会・政治時評クロニクル　2014-2021―
ブレイディみかこ

人か資本か。優先順位を間違えた政治は希望を奪い貧困と分断を拡大させる。地べたから英国を読み解き日本を照らす、最新時評集。

S331
増補版　悪役レスラーは笑う
―「卑劣なジャップ」グレート東郷―
森　達也

第二次大戦後の米国プロレス界で「卑劣な日本人」を演じ、巨万の富を築いた伝説の悪役レスラーがいた。謎に満ちた男の素顔に迫る。

S332
戦争と罪責
野田正彰

旧兵士たちの内面を精神病理学者が丹念に聞き取る。罪の意識を抑圧する文化において豊かな感情を取り戻す道を探る。

2024. 1

## 岩波現代文庫[社会]

S333
### 孤塁
―双葉郡消防士たちの3・11―
吉田千亜

原発が暴走するなか、住民救助や避難誘導、原発構内での活動にもあたった双葉消防本部の消防士たち。その苦闘を初めてすくいあげた迫力作。新たに「『孤塁』その後」を加筆。

S334
### ウクライナ 通貨誕生
―独立の命運を賭けた闘い―
西谷公明

自国通貨創造の現場に身を置いた日本人エコノミストによるゼロからの国づくりの記録。二〇一四年、二〇二二年の追記を収録。〈解説〉佐藤 優

S335
### 「科学にすがるな!」
―宇宙と死をめぐる特別授業―
佐藤文隆
艸場よしみ

「死とは何かの答えを宇宙に求めるな」と科学論に基づいて答える科学者vs.死の意味を問い続ける女性。3・11をはさんだ激闘の記録。〈解説〉サンキュータツオ

S336
### 増補 空疎な小皇帝 「石原慎太郎」という問題
斎藤貴男

差別的な言動でポピュリズムや排外主義を煽りながら、東京都知事として君臨した石原慎太郎。現代に引き継がれる「負の遺産」を、いま改めて問う。新取材を加え大幅に増補。

S337
### 鳥肉以上、鳥学未満。
―Human Chicken Interface―
川上和人

ボンジリってお尻じゃないの? 鳥の首はろくろ首!? トリビアもネタも満載。キッチンから始まる、とびっきりのサイエンス。〈解説〉枝元なほみ

2024.1

# 岩波現代文庫［社会］

S338-339
## あしなが運動と玉井義臣(上・下)
―歴史社会学からの考察―
副田義也

日本有数のボランティア運動の軌跡を描き出し、そのリーダー、玉井義臣の活動の意義を歴史社会学的に考察。〈解説〉苅谷剛彦

S340
## 大地の動きをさぐる
杉村新

地球の大きな営みに迫ろうとする思考の道筋と、仲間とのつながりがからみあい、研究は深まり広がっていく。プレートテクトニクス成立前夜の金字塔的名著。〈解説〉斎藤靖二

S341
## 歌うカタツムリ
―進化とらせんの物語―
千葉聡

実はカタツムリは、進化研究の華だった。行きつ戻りつしながら前進する研究の営みと、カタツムリの進化を重ねた壮大な歴史絵巻。〈解説〉河田雅圭

S342
## 戦慄の記録 インパール
NHKスペシャル取材班

三万人もの死者を出した作戦は、どのように立案・遂行されたのか。牟田口司令官の肉声や兵士の証言から全貌に迫る。〈解説〉大木毅

S343
## 大災害の時代
―三大震災から考える―
五百旗頭真

阪神・淡路大震災、東日本大震災、熊本地震に被災者として関わり、東日本大震災の復興構想会議議長を務めた政治学者による報告書。〈緒言〉山崎正和

2024. 1